Otto Taschenberg

Historische Entwickelung der Lehre von der Parthenogenesis

Otto Taschenberg

Historische Entwickelung der Lehre von der Parthenogenesis

ISBN/EAN: 9783744667975

Hergestellt in Europa, USA, Kanada, Australien, Japan

Cover: Foto ©ninafisch / pixelio.de

Weitere Bücher finden Sie auf **www.hansebooks.com**

Das Material, welches der nachfolgenden Darstellung zu Grunde liegt, war zum grösseren Theile schon vor etwa zehn Jahren gesammelt und sollte Verwendung finden in einer umfassenden Darstellung der gesammten Lehre von der Zeugung der Thiere, wie auch meine historische Skizze über die Urzeugung der gleichen Veranlassung ihre Entstehung verdankt. Das beabsichtigte Buch über die Zeugung wird wohl niemals von mir geschrieben werden; das vorliegende Kapitel aber schien mir nicht ungeeignet, einer Festschrift einverleibt zu werden, die einem Manne dargebracht wird, welcher manchen Grundpfeiler zu der Lehre von der Parthenogenesis gelegt hat. Indem ich ihm, meinem hochverehrten Lehrer, hierdurch meinen herzlichsten Glückwunsch darbringe, möchte ich ihm gleichzeitig einen Zeitraum aus dem Entwicklungsgange seiner Forschungen in das Gedächtniss zurückrufen, welcher zeigt, wie die Fortschritte, die er auf seinem arbeits- und segensreichen Wege gemacht hat, zugleich bedeutungsvolle Marksteine für unsere gesammte zoologische Wissenschaft bedeuten.

Der Ausdruck Parthenogenesis wurde zuerst von Owen[1]) für die beim Generationswechsel auftretende ungeschlechtliche Fortpflanzung gebraucht und erst später (1856) von Siebold in einem etwas anderen Sinne auf diejenige Art von Zeugung übertragen, bei welcher aus unbefruchteten, von wirklichen Weibchen gebildeten Eiern junge Brut entsteht. Hierdurch wurde Siebold der Begründer einer neuen Lehre, welche den früher als Gesetz ausgesprochenen Erfahrungssatz „lucina sine concubitu nulla" umstiess. Nicht, dass es vorher an Beobachtungen über unbefruchtete und doch entwicklungsfähige Eier gefehlt hätte; dieselben wurden aber von den Beobachtern selbst in einer anderen Weise — in der Regel durch die Annahme eines Hermaphroditismus — zu deuten gesucht, oder entbehrten der nöthigen Genauigkeit, um sich allgemeinere Anerkennung zu verschaffen.

[1]) Owen, Rich., On parthenogenesis: a discourse introductory to the Hunterian Lectures on generation and development for 1849. London 1849. 8. (76 p.) — In dem gleichen Sinne wird die Bezeichnung angewandt von Prosch, V., Om Parthenogenesis og Generationsvexel, et Bidrag til Generationslaeren. Kjobenhavn, Trykt hos J. C. Scharling, 1851. 8.

Wenn wir zunächst davon absehen, dass schon Aristoteles eine Vorahnung von den eigenthümlichen Erscheinungen der Fortpflanzungsgeschichte der Bienen hatte, so dürfte die älteste hierher gehörige Beobachtung aus dem Jahre 1667 herrühren, wo Goedart ein Weibchen von *Orgyia gonostigma*, welches er aus der Raupe gezogen hatte, unbefruchtete und doch fruchtbare Eier legen sah. Eine zweite Mittheilung, welche gleichfalls auf das 17. Jahrhundert zurückreicht, bezieht sich auf eine Spinne, von welcher ein gewisser Blancard an Hannemann schreibt: „Habeo araneam, quae quattuor annos peperit ova, ex quibus iterum araneae sunt productae, atque hoc possum affirmare, qud nullus masculus adfuit et semper procreatae araneae. Num sit hermaphroditae vestrum erit indicare." Ueber Spinnen ist nur noch zweimal in dem gleichen Sinne berichtet worden (Duméril 1861[1]) und neuerdings Campbell 1882), während die Beobachtungen an Schmetterlingen — es handelt sich dabei fast immer um Spinner oder Schwärmer — von den verschiedensten Seiten bereichert wurden. Wenn nun auch die meisten derartigen Mittheilungen[2]) weit entfernt waren,

---

[1]) Blanchard (Compt. Rend. T. 44. 1857. p. 741) gibt eine Aufklärung über solche Befunde. Er beobachtete, dass überwinternde Spinnen, von Männchen isolirt, mehrere Jahre hindurch fruchtbare Eier legen können. Aber von Parthenogenesis ist dabei keine Rede, sondern die zwei grossen *receptacula seminis* bewahren das Sperma für mehrere Bruten. — Campbell hielt eine weibliche Hausspinne elf Monate in Gefangenschaft, während welcher Zeit sie sich zweimal häutete und zuletzt Eier ablegte, aus denen einige junge Spinnen auskrochen. Auch hier hätte durch anatomische Untersuchung festgestellt werden müssen, ob die *receptacula seminis* Sperma enthielten oder nicht, um vorhergegangene Befruchtnng oder jungfräuliche Zeugung festzustellen.

[2]) Ich lasse hier die in der Litteratur verzeichneten Fälle folgen, wobei die Gewährsleute mit der Jahreszahl ihrer Publikation (nach welcher das Nähere im Litteraturverzeichnisse am Schlusse dieser Abhandlung nachzusehen ist) in Parenthese beigefügt sind:

Acherontia atropos (Massa 1888 — einige Räupchen, die dann starben.)
Sphinx ligustri (Treviranus 1804; Nix 1869.)
Smerinthus populi (Nordmann [Burmeister] 1832; Brown 1835; Kipp 1853; Newnham [Lubbock] 1857; della Torre 1877.)
Smerinthus ocellatus (Johnston 1848.)
Arctia caja (Brown 1835; Lecoq 1856; Robinson [Lubbock] 1857; Barthélemy 1859; Schlapp [Keferstein] 1861.)
Arctia hololeuca (Popoff [Mannerheim] 1849.)
Arctia villica (Stowell [Lubbock] 1857; Ghiliani [Curò] 1870.)
Spilosoma menthastri (Vángel 1887.)
Saturnia polyphemus (Curtis [Filippi] 1851.)
Saturnia (Attacus) Cynthia (Girard 1863, 1872.)
Saturnia pyri (Vángel 1887.)
Bombyx (Sericaria) mori (Castellet 1795; Herold 1838; Boursier [Duméril] 1847; Mögling 1847; Cornalia 1856; Schmidt u. Siebold 1856; Gasparin 1857; Barthélemy 1859; Jourdan 1861; Verson 1873; Siebold 1874; Tichomiroff 1886, 88, 89.)

jeden Zweifel an deren Richtigkeit auszuschliessen, und eben darum auch von Siebold sämmtlich mit vielleicht allzu skeptischem Auge angesehen wurden, so liegen uns doch auch schon aus früherer Zeit Beobachtungen über verschiedene Krebschen vor, durch welche die parthenogenetische Fortpflanzung derselben auf das unzweideutigste bewiesen wird. Dieses Verdienst gebührt dem ehrwürdigen Pastor Schäffer zu Regensburg, welcher seine Untersuchungen an Wasserflöhen 1755 und an *Apus* ein Jahr später der Oeffentlichkeit übergab. Uebrigens waren noch früher durch Leeuwenhoek (1695) und durch Bonnet (1745) ganz ähnliche Erfahrungen an Blattläusen gemacht worden, welche ebenso wie die übrigen Mittheilungen jener Zeit über jungfräuliche Zeugung in der Folge durchaus bestätigt, wenn auch zunächst noch vielfach anders gedeutet wurden, als wir es heutzutage zu thun pflegen.

Der Anstoss zur wissenschaftlichen Begründung unserer Lehre ging jedoch von keiner der bisher erwähnten Thierformen, sondern von der Honigbiene aus, welche, wie bereits angedeutet, schon für Aristoteles Veranlassung zu ähnlichen Betrachtungen gewesen war. Dieser grosse Forscher des Alterthums spricht in seinem Buche „Von der Zeugung und Entwicklung der Thiere" die Sätze aus: 1. „Die Drohnen

---

Bombyx quercus (Plieninger 1849; Westwood 1857.)
Bombyx rubi (Vángel 1887.)
Lasiocampa quercifolia (Basler [Bernouilli] 1772.)
Lasiocampa pini (Scopoli 1777; Suckow 1828; Lacordaire 1838; Goossens 1876.)
Lasiocampa potatoria (Burmeister 1832; Wejenbergh 1870.)
Psyche apiformis (Rossi [Ochsenheimer] 1810.)
Psyche Ecksteinii (Vángel 1887.)
Psyche Zelleri (Vángel 1887.)
Oiketicus Kirbyi (Berg 1874.)
Dasychira pudibunda (Witzel u. Werneburg [Keferstein] 1861.)
Liparis dispar (Carlier [Lacordaire] 1838; Tardy [Westwood] 1857; Weijenbergh 1870;
   Pearce 1879; v. Bock 1887; Platner 1888.)
Leucoma salicis (Popoff [Keferstein] 1861.)
Leucoma ochropoda (Popoff [Keferstein] 1861.)
Orgyia gonostigma (Goedart 1667.)
Orgyia antiqua (Westwood 1857; Passavant 1870.)
Orgyia ericae (Maassen 1870.)
Diloba coeruleocephala (Bernouilli 1772. — Bernouilli nennt den Schmetterling *Phalaena pacta* L., nach Keferstein (1861) ist es die genannte Art.)
Aglia tau (Weismann 1891. p. 104 — nur eine Raupe.)
Aphomia colonella (Hoffer 1885 — Raupen.)
Ocnogyna parasita (Vángel 1887.)

entstehen auch in einem königinlosen oder weisellosen Stocke", und 2. „Die Bienen erzeugen ohne Begattung Drohnen".

Es ist bekanntlich das unsterbliche Verdienst des katholischen Pfarrers Dzierzon zu Karlsmarkt in Schlesien, in unseren Tagen von neuem die Aufmerksamkeit auf die eigenthümlichen Fortpflanzungserscheinungen der Bienen gelenkt, und gestützt auf seine umfassenden Erfahrungen, die hier regelmässig auftretende Parthenogenesis durchaus richtig geschlossen und zuerst 1845 öffentlich ausgesprochen zu haben. Die Anatomen und Physiologen hatten sich damals so gut wie gar nicht mit der Honigbiene und ihrem interessanten Haushalte beschäftigt und waren mithin nicht in der Lage, die Dzierzon'schen Behauptungen aus eigenen Erfahrungen zu stützen oder zu widerlegen. Dieselben blieben daher zunächst mehr oder weniger unbeachtet und veranlassten nur unter den Imkern ein Hin und Her von Widersprüchen oder Anerkennungen. Die Thatsache, dass Arbeitsbienen, welche nach ihrem ganzen anatomischen Bau nicht befruchtet werden können, zuweilen dennoch entwickelungsfähige Eier legen, hatte Siebold (1851) zu der Ansicht geführt, dass es sich hier um einen Generationswechsel handeln möge, wie dieser Forscher auch die Fortpflanzung der Blattläuse in dem gleichen Sinne deuten zu müssen glaubte.

Die immer wieder auftauchenden Nachrichten (Speyer, Wocke, Reutti) von Schmetterlingen, namentlich von den sog. Sackträgern, welche häufig unbefruchtete entwicklungsfähige Eier legen sollten, veranlassten Siebold zu eigenen Beobachtungen an diesen Thieren. Er gelangte (1849) zu der Ueberzeugung, dass gerade bei diesen, im weiblichen Geschlechte flügellosen, zuweilen ganz larvenartigen Insekten sehr leicht Täuschungen unterlaufen und zur irrigen Annahme einer Parthenogenesis führen können, und blieb zunächst noch ein Gegner dieser letzteren. Als er sich dann von der Fortpflanzung männerloser Solenobien überzeugt hatte, war er auch hier geneigt, diese Individuen für die Ammen innerhalb eines Generationswechsels in Anspruch zu nehmen (1850), und erst als er ein Jahr später durch anatomische Zergliederung die wahre weibliche Natur derselben erkannt hatte, führte er die Bezeichnung „Parthenogenesis" für diese Art der Fortpflanzung ein. So wurde durch eine „Ironie des Schicksals" einer der entschiedensten Gegner der Jungfernzeugung zu ihrem wissenschaftlichen Begründer. Dies geschah 1856 in der Schrift „Wahre Parthenogenesis bei Schmetterlingen und Bienen".

Wie mächtig übrigens das Dogma von der nothwendigen Befruchtung der Eier und daher die feindliche Stellung dieser neuverkündigten Fortpflanzungsart gegenüber war, ist am besten ersichtlich aus den Worten Rudolf Wagner's, welche er bei

Besprechung der Siebold'schen Schrift nicht unterdrücken konnte. „Durch diese Parthenogenesis — so heisst es in den Göttinger Gelehrten Anzeigen — ist leider eine der aller unbequemsten und der Hoffnung auf sog. allgemeine Gesetze der thierischen Lebenserscheinungen widerwärtigsten Thatsachen in die Physiologie eingeführt worden. Erfreulich oder besonders aufmunternd für die Lobpreisungen unserer gerühmten Fortschritte in der theoretischen Erkenntniss der Lebensprozesse kann es unmöglich sein, und aufrichtig gesagt, kann ich mich eigentlich so wenig darüber erfreuen, als es bei einem Physiker der Fall sein würde, wenn plötzlich ein oder mehrere Ausnahmefälle von dem Gravitationsgesetze entdeckt würden."

Nicht viel anders stellt sich Leydig (1860) zur Parthenogenesis, wenn er sagt (pag. 65): „Gar manchem Leser der citirten v. Siebold'schen Schrift mag es gegangen sein wie dem Schreiber dieses; man durchgeht das sinnig geschriebene Buch mit Spannung vom Anfang bis zum Ende und freut sich über Bienenzüchter und Naturforscher, aber die eigentliche Wirkung ist keine angenehme, besonders für die nicht, welche mit Liebe der Idee huldigen, es halte die Natur in den wichtigsten Lebensvorgängen an gewissen Maximen gerne fest und lasse sie nicht leicht fahren. Von diesem Gesichtspunkte aus möge es entschuldigt werden, wenn ich gegen die „wahre Parthenogenesis", so wie sie hingestellt wird, einige Einwendungen erhebe."

Seit der grundlegenden Arbeit Siebold's wurde die Lehre von der jungfräulichen Zeugung nicht nur durch Bestätigung schon früher beigebrachter Beobachtungen immer fester gestützt, sondern auch durch neue Erfahrungen bedeutend erweitert und in ihrem Verhältnisse zu den übrigen Fortpflanzungsarten richtiger erkannt. Es waren namentlich v. Siebold selbst und Leuckart, welche durch treffliche Untersuchungen unsere Kenntnisse bereicherten. Dass daneben auch Stimmen (Tigri, Schaum, Plateau u. a.) laut wurden, welche den Errungenschaften mühsamer und scharfsinniger Beobachtungen mit allerlei unbegründeten und von Vorurtheilen eingegebenen Bedenken entgegenzutreten versuchten, ist eine im Entwicklungsgange jeder Wissenschaft zu oft gemachte Erfahrung, als dass sie uns hier besonders wundernehmen könnte.

Um uns über den weiteren Fortschritt unserer wissenschaftlichen Erkenntniss auf dem Gebiete der Parthenogenesis zu orientiren, erscheint es zweckmässig, die einzelnen Formenkreise, bei welchen diese Zeugungsart zur Beobachtung kommt, für sich allein in Betracht zu ziehen.

Zunächst hat man gelernt eine exceptionelle Parthenogenesis von einer regelmässig auftretenden zu unterscheiden. In Betreff der ersteren, welche von den verschiedensten Seiten, namentlich in Bezug auf *Bombycidae* und *Sphingidae* unter den Schmetterlingen zur Sprache gebracht worden ist, genügt es, im allgemeinen auf obige Zusammenstellung der bekannt gewordenen Fälle zu verweisen. Nur über den Seidenspinner (*Bombyx mori*) mögen hier noch einige nähere Mittheilungen Platz finden. Der Erste, welcher Beobachtungen über unbefruchtete und doch entwicklungsfähige Eier dieses Schmetterlings anstellte, war (1795) der Generalinspektor der sicilianischen Seidenspinnereien Constans de Castellet. Als dessen an Réaumur eingesandte Mittheilungen von diesem mit den lakonischen Worten „ex nihilo nihil fit" beantwortet waren, suchte er, von der Autorität des Präsidenten der Pariser Akademie an seiner nüchternen Beobachtung irre gemacht, diesselbe durch die Annahme einer Begattung der Raupen vor der Verpuppung zu erklären! Doch auch in der Folge wurden ähnliche Wahrnehmungen gemacht, wonach sich wenigstens die Embryonalentwicklung in unbefruchteten Eiern abspielt. (Herold 1838; Leuckart 1855.) Schmetterlinge beiderlei Geschlechts wurden von Siebold und Schmid (1856) aus Eiern gezogen, welche nach des letzteren Zeugniss bestimmt jungfräulichen Weibchen entstammten. Ferner constatirte Barthélemy (1859), jedoch nur für die Sommergeneration, ein Parthenogenesis, und von mehreren Seiten wurden später Mittheilungen gemacht, dass diese Erscheinung in Südfrankreich sowohl wie in Norditalien den Seidenwurmzüchtern hinlänglich bekannt sei, so dass man die Rassen der Seidenraupen durch parthenogenetisch erzeugte Individuen aufzufrischen suche (Jourdan 1861) oder Männchen überhaupt nur alle zwei Jahre zur Begattung zulasse (Gasparin 1859).[1]

Verson (1873) tritt freilich der Behauptung entgegen, dass jungfräuliche Zeugung beim Seidenspinner häufig zur Beobachtung komme und bemerkt in neuester Zeit (1888), dass diese sog. parthenogenetische Entwicklung bei der Seidenraupe nur bis zur Bildung der serösen Membran geht (pag. 263.). Jedenfalls ist sie durch die gewissenhaften Untersuchungen verschiedener Forscher, zu denen sich später (1871 u. 1873) auch Siebold wieder gesellte, über allen Zweifel erhoben worden und wird in neuester Zeit von Tichomiroff festgehalten, der sogar beobachtet hat, dass sie durch mechanische Reize der Eier befördert wird.

---

[1] Verson erklärt zwar neuerdings, dass diese Angaben völlig aus der Luft gegriffen seien. Es ist übrigens keineswegs ausgeschlossen, dass Verson bezüglich seiner Beobachtungsresultate genau so im Rechte ist, wie es Andere trotz entgegengesetzter Erfolge auf Grund der ihrigen sind. Die inneren Ursachen, welche die Parthenogenese veranlassen und in dem einen Falle die Entwicklung nur anregen, im andern aber zu Ende führen, sind uns gänzlich unbekannt.

Die erst in den Jahren 1879—81 durch Jobert und Osborne[1]) bekannt gewordenen Fälle einer Parthenogenesis bei Käfern (*Eumolpus* [*Adoxus*] *vitis* und *Gastrophysa raphani* [*Gastroidea viridula*]) gehören, falls sie überhaupt sicher verbürgt sind, was nach des Autors eigenen Worten für die erste Art noch zweifelhaft erscheinen muss,[2]) auch nur zu den Ausnahmefällen.[3]) Dasselbe kann man nicht für gewisse Blattwespen (*Tenthredinidae*) behaupten, unter welchen namentlich eine Art, *Nematus ribesii s. ventricosus*, schon seit längerer Zeit genauer auf ihre Fortpflanzung untersucht worden ist. Die Entwicklungsfähigkeit unbefruchteter Eier war von dieser Art schon Thom (1820) bekannt, wurde aber erst 1866 durch Kessler von neuem entdeckt — Claus vervollständigte die Beobachtungen durch mikroskopische Untersuchung des receptaculum seminis — und von Siebold (1871) durch sehr sorgfältige Beobachtung bestätigt. Obgleich bei dieser Art gleichzeitig mit den Weibchen männliche Individuen vorhanden sind, so schicken sich doch die ersteren unmittelbar nach dem Ausschlüpfen meist ohne ein Männchen abzuwarten, dazu an, Eier zu legen, sodass hier die Parthenogenesis als Regel angesehen werden kann. Das Wichtigste dabei ist übrigens der Umstand, dass auf diesem Wege stets Männchen erzeugt werden. Diese auch sonst zu beobachtende regelmässige Abhängigkeit des männlichen Geschlechts von unbefruchteten Eiern wurde zuerst von Leuckart (1857) als Arrenotokie bezeichnet, ein Ausdruck, welcher zunächst auf die Drohnenbrütigkeit der Bienen Anwendung fand.

Die genannte Stachelbeerblattwespe blieb übrigens keineswegs die einzige Art ihrer Familie, bei welcher Parthenogenesis beobachtet wurde, wenn dieselbe auch bei anderen Arten nicht mit derselben Regelmässigkeit auftritt; wie denn bei diesen

---

[1]) Von *G. raphani* hat Osborne zuerst (1879) aus parthenogenetisch erzeugten Eiern zwei Larven gezogen, die aber starben; später (1880) ist es ihm gelungen, ein Weibchen auf gleichem Wege zu züchten, während andere Individuen als Puppen zu Grunde gingen. Bei einem dritten Male hatte er einen zweiten Käfer erhalten, der auch weiblich war, andere Eier (6) waren ebenfalls ausgekrochen, aber die Larven starben. Osborne hält die Parthenogenesis bei diesem Käfer für ebenso häufig wie bei *Nematus ventricosus*.

[2]) Jobert spricht die Vermuthung aus, dass *Adoxus vitis* vielleicht hermaphroditisch sei, weil bei demselben eigenthümliche, sehr bewegliche Körperchen aufgefunden wurden, welche an Samenkörperchen erinnerten. — Sollte es hiermit vielleicht eine ähnliche Bewandtniss haben wie mit den Beobachtungen von Keferstein und Ehlers (Ztschr. f. wiss. Zool. Bd. X. 1859), welche in der bursa copulatrix von *Helix pomatia* neben den Zoospermien eine Menge spindelförmiger, langgegeisselter Infusorien antrafen?

[3]) Die Mittheilung von F. Will (1886), wonach bei *Halyzia ocellata* ein neuer Fall von Parthenogenese vorgekommen sein soll, entbehrt jeder Beweiskraft, denn daraus, dass diese Coccinelle noch nicht ausgefärbt war, ist kein sicherer Schluss auf ihre Jungfräulichkeit zu ziehen.

Thieren die Männchen oft sehr selten und zum Theil überhaupt noch nicht bekannt sind. Es waren Cameron, Fletcher, R. v. Stein, v. Siebold, Brischke, welche vom Jahre 1880 an unsere Kenntnisse über die Fortpflanzung dieser Hymenopteren wesentlich bereicherten. Stein spricht sich (1883) über die Parthenogenesis der Blattwespen folgendermassen aus: „Ich halte I. für vollständig und ausschliesslich parthenogenetisch alle jene Arten, bei denen es bis jetzt trotz emsigster, seit 100 Jahren in allen Ländern fortgesetzter Forschung noch nicht gelungen ist, zu dem längst bekannten Weibchen ein zugehöriges Männchen zu fangen oder zu erziehen. Hierher rechne ich: *Dineura verna Kl., Nematus gallicola West., Blennocampa albipes Gm., Bl. ephippium Pz., Bl. fuscipennis Fall., Hoplocampa brevis Kl., Eriocampa ovata L., Er. luteola Kl.,*[1]*) Poecilotoma pulveratum Ratz.*, vielleicht auch einige *Hylotoma* und *Dolerus*. Diese Arten ergeben bei der parthenogenetischen Fortpflanzung niemals Männchen, sondern stets nur Weibchen, und ich nenne sie daher die reine Parthenogenesis (Parthénogénèse complète: André, Spec. d. Hym. I. p. 567.). II. Für fast ausschliesslich parthenogenetisch jene Arten, bei denen das Männchen eine ganz ausserordentlich seltene Erscheinung ist und in gar keinem numerischen Verhältniss zu der Zahl der oft sehr gemeinen Weibchen steht. Hierher zähle ich *Abia fasciata L., Hemichroa alni L., H. rufa Pz., Nematus varus Vill., N. appendiculatus Hrtg., N. pavidus Lep.*, und einige andere *Nematus, Emphytus melanarius Kl., Eriocampa limacina Ratz., Macrophya punctumalbum L., M. chrysura Kl.*, kaum dagegen *Strongylogaster cingulatus Fbr.*, von dem ich Männchen gefangen und zugesendet erhalten habe. Diese Arten ergeben Männchen nur in den seltensten Fällen, vielleicht nur nach einer langen Reihe von Generationen, bei denen ausschliesslich Weibchen producirt wurden. Ich nenne diese P. die gemischte Parthenogenesis (Parthénogénèse mixte ou incomplète: André p. 567.). — III. Endlich für befähigt zur parthenogenetischen Fortpflanzung ihrer Art, unter Bedingungen allerdings, die erst im Verlaufe der Zeit festgestellt werden müssen, alle nicht in die beiden Kategorien fallenden übrigen Blattwespen ausnahmslos, welchen Vorgang ich als facultative Parthenogenesis bezeichne." Weitere Beobachtungen müssen entscheiden, in wieweit diese Stein'schen Vermuthungen Bestätigung finden. Die Anzahl derjenigen Blattwespenarten, bei welchen eine jungfräuliche Zeugung bisher hat festgestellt werden können, ist allerdings keine geringe.[2]

---

[1]) Bereits auf p. 150 desselben Jahrgangs der Entom. Nachrichten (9. Jhg. 1883) konnte Stein selbst das Männchen von *Eriocampa luteola* bekannt machen.
[2]) Diejenigen Arten von Blattwespen, bei welchen Parthenogenese durch Beobachtung festgestellt

Das ungleiche Zahlenverhältniss beider Geschlechter oder die gänzliche Unbekanntschaft mit Weibchen, welche für Blattwespen hervorgehoben werden musste, ist schon seit längerer Zeit für eine andere Gruppe von Hymenopteren, für die Gallwespen (*Cynipidae*), festgestellt und liess hier auf ähnliche Fortpflanzungserscheinungen schliessen (Siebold, 1856. p. 137). Léon Dufour fand (1841) unter mehr als 200 Individuen der *Diplolepis gallae tinctoriae*, welche er gezogen hatte, nicht ein einziges Männchen. Nach Hartig (1843, p. 397) sind 28 Arten der Gattung *Cynips* nur im weiblichen Geschlechte bekannt. Derselbe hat unter 9—10 000 Exemplaren der *Cynips divisa* und 3—4000 der *Cynips folii* kein Männchen gefunden. Bei letzterer Art, welche er acht Jahre hindurch gezüchtet hat, beobachtete er sogar, dass die Eiablage sofort nach dem Verlassen der Gallen eintrat.

worden ist, sind folgende. Die in ( ) beigefügten Bemerkungen bedeuten, ob die Nachkommenschaft eine rein männliche, rein weibliche oder gemischte war.

Cimbex connata Schrnk. (Siebold 1884 — ♀.)
Trichiosoma sorbi Htg. (Siebold 1884 — Larven.)
      " *lucorum* L. (Cameron 1885.)
Abia fasciata L. (Osborne 1882. 1883; Siebold 1884 — ♀ (♂); Cameron 1885; Brischke 1887.)
      " *nitens* (Cameoron 1885.)
Hylotoma berberidis Schrnk. (Siebold 1884 — ♂.)
      " *rosae* Degeer. (Stein 1881; Siebold 1884 — ♂.)
      " *ustulata* L. (Cameron 1885.)
Lophyrus pini L. (Siebold 1884 — ♂: Cameron 1885.)
Cladius pectinicornis Fouer. (Siebold 1884 — ♂.)
Trichiocampus viminalis Htg. (Siebold 1884 — ♂.)
      " *rufipes* Lep. (Cameron 1885.)
Priophorus padi L. (Siebold 1884 — ♂; Cameron 1885.)
Hemichroa rufa Pz. (Stein 1879; Fletcher 1881 — ♀.)
Nematus papillosus Rtz. (Siebold 1884 — ♂.)
      " *miliaris* Pz. (Cameron 1880; Siebold 1884 — ♂.)
      " *septentrionalis* L. (Siebold 1884 — ♂: Cameron 1885.)
      " *varus* Vill. (Fletcher 1881 — ♀; Cameron 1885.)
      " *paridus* Lep. (Brischke 1872; Cameron 1881.)
      " *curtispinus* Thms. (Fletcher 1880; 1881.)
      " *palliatus* Thms. (Fletcher 1880; Brischke 1887.)
      " *ribesii* Scop. (Thome 1820; Kessler 1866; Claus 1866; Siebold 1871, 1884. — ♂.)
      " *salicis* L. (Fletcher 1881 — ♂.)
      " *Vallisnieri* Htg. (Adler 1881)
      " *conductus* Ruthe. (Cameron 1885.)
      " *compressicornis* F. (Cameron 1885.)
      " *conjugatus* Dhlb. (Siebold 1884 — ♂.)

Zur Erklärung dieses eigenthümlichen Verhaltens glaubte Osten-Sacken (1861) die Annahme aussprechen zu können, dass die Männchen, welche man bisher vermisst, andere Gallen erzeugen als die Weibchen, und deshalb nicht erkannt seien. Er liess diese Vermuthung aber bald fallen, da sie durch direkte Beobachtung keine Bestätigung fand, und neigte, durch die Entdeckung angeregt, welche Walsh an nordamerikanischen Gallwespen gemacht hatte, nun zu der Annahme, dass die Weibchen, zu welchen die Männchen noch nicht aufgefunden waren, als zweite Form zu anderen in beiden Geschlechtern bekannten Arten gehören. Einen solchen Dimorphismus hatte nämlich Walsh (1864) bei *Cynips aciculata* Ost.-Sack. beobachtet, welche als Weibchen zu der in beiden Geschlechtern bekannten *Cynips spongifica* Ost.-Sack. gehört und sich auf parthenogenetischem Wege fortpflanzt. Genauer wurden diese Verhältnisse alsdann von Bassett (1873) verfolgt, und zur vollständigen Klarheit durch die schönen Untersuchungen Adler's (1871 und 1881) gebracht. Durch dieselben ist für eine grössere Anzahl von Arten[1] Parthenogenesis festgestellt und gleichzeitig

Nematus appendiculatus Htg. (Cameron 1885.)
„ *coerulcocarpus* Htg. (Siebold 1884 — ♂.)
„ *ruficornis* Oliv. (Cameron 1885.)
„ *rudderensis* (Cameron 1885.)
Phyllotoma vagans Fall. (Fletcher 1881.)
„ *nemorata* Fall. (Cameron 1880.)
Strongylogaster cingulatus F. (Cameron 1880.)
Eriocampa ovata L. (Cameron 1881; Fletcher 1881.)
„ *limacina* Rtz. (Siebold 1884 — Larven.)
„ *annulipes* Klg. (Cameron 1887.)
Blennocampa nigripes Klg. (Siebold 1884 — Larven.)
Poecilosoma pulveratum Rtz. (Cameron 1878; 1881.)
Emphytus cinctus L. (Siebold 1884 — ♂.)
„ *viennensis* Schrnk. (Siebold 1884 — ♂.)
Taxonus glabratus Fall. (Cameron 1881.)
[1] Ausschliesslich parthenogenetisch sind nach Adler:
Aphilothrix seminationis Gir.
„ *marginalis* Schlechtdl.
„ *quadrilineatus* Hart.
„ *albopunctatus* Schlechtdl.
Die folgenden sind die parthenogenesirende Generation innerhalb einer Heterogonie, sie wechseln also ab mit einer aus Männchen und Weibchen bestehenden Generation. Die letztere ist in der rechten Reihe beigefügt.

Neuroterus lenticularis Oliv.   *Spathegaster baccarum* L.
„ *laeviusculus* Schenck.   „ *albipes* Schenck.
„ *numismatis* Ol.   „ *vesicatrix* Schlechtdl.

der von Bassett bereits vermuthete Wechsel dieser Generation mit einer anderen zweigeschlechtlichen nachgewiesen worden (*Heterogonie*).

Eine besonders wichtige Rolle in der Lehre von der Parthenogenesis spielte die Hausbiene (*Apis mellifica*); denn auf sie bezogen sich im Alterthume sowohl wie in der neueren Zeit die Vermuthungen, aus welchen, wie erwähnt, allmählich jener Kenntniss ihre wissenschaftliche Begründung erwuchs. Wie verfehlt die in früherer Zeit herrschenden Ansichten über den Haushalt der Biene und über das Geschlecht der in einem Stocke vertretenen Individuen waren, wie die meisten Imker nach Dilettantenart sich sogar starrköpfig einer besseren Einsicht verschlossen, nachdem sie ihnen von dem trefflichsten der Bienenwirthe geboten war, davon überzeugt man sich am besten, wenn man den Inhalt der ersten acht Jahrgänge der Eichstädter Bienen-Zeitung durchmustert. In derselben veröffentlichte aber auch Dzierzon seine Ansichten, anfänglich in Form einer Hypothese, welcher er aber bald die Bedeutung einer Theorie beilegen konnte. Dieselbe gipfelt in den Worten, „dass die Drohneneier einer Befruchtung nicht bedürfen, die Mitwirkung der Drohnen aber schlechterdings nothwendig ist, wenn Arbeitsbienen erzeugt werden sollen." (1. Jhg. 1845 pag. 113.)

Nachdem diesen Behauptungen anfänglich von den verschiedensten Seiten Widersprüche entgegengestellt waren, nachdem Siebold als Vicepräsident der am 2. Juni 1852 zu Brieg abgehaltenen Versammlung der deutschen Bienenwirthe die anatomischen Verhältnisse der drei Individuen des Bienenstaates auseinandergesetzt und Dzierzon, auf seine reichen Erfahrungen gestützt, den gegen seine Theorie erhobenen Einwänden begegnet war, fand die letztere namentlich in einem einsichts-

Neuroterus fumipennis Hart.
„ *ostreus* Hart.
Aphilotrix radicis Fbr.
„ *Sieboldi* Hart.
„ *corticis* L.
„ *globuli* Hart.
„ *collaris* Hart.
„ *fecundatrix* Hart.
„ *callidoma* Hart.
„ *Malpighii* Adler.
„ *autumnalis* Hart.
Dryophanta scutellaris Oliv.
„ *longiventris* Hart.
„ *divisa* Hart.
Biorrhiza aptera Fbr.
„ *renum* Hart.

Spathegaster tricolor Hart.
„ *aprilinus* Gir.?
Andricus noduli Hart.
„ *testaceipes* Hart.
„ *gemmatus* Adler.
„ *inflator* Hart.
„ *curvator* Hart.
„ *pilosus* Adler.
„ *cirratus* Adler.
„ *nudus* Adler.
„ *ramuli* L.
Spathegaster Taschenbergi Schlechtdl.
„ *similis* Adler.
„ *verrucosus* Schlechtdl.
Teras terminalis Fbr.
Trigonaspis megaptera Pz.

vollen und hochverdienten Bienenzüchter, dem Baron Aug. von Berlepsch auf Seebach bei Langensalza, einen warmen Vertreter, der auf das eifrigste bemüht war, neue Beweise für deren Richtigkeit beizubringen und sie in einer Reihe von „apistischen Briefen" (in den Jahrgängen 1852—54 der Bienenzeitung) zum Gemeingut aller Bienenzüchter zu machen.

Die Erfahrungen, welche der Dzierzon'schen Theorie zu Grunde liegen, sind bekanntlich kurz folgende. Die Königin wird nur einmal im Leben und zwar ausserhalb des Stockes in der Luft befruchtet; der Samen wirkt nicht, wie man früher annahm, auf den Eierstock ein, sondern gelangt in einen Samenbehälter am Ende des Leitungsweges und tritt auf die vorbeigleitenden Eier über, sobald diese in eine Weisel- oder Arbeiterzelle gelegt werden sollen; eine flügellahme Königin, die in Folge dieses Fehlers nicht begattet werden konnte, legt stets unbefruchtete, sich zu Drohnen entwickelnde Eier, eine Erfahrung, die zuweilen auch an Arbeitsbienen („Drohnenmütterchen") gemacht wird. Als empirische Beweise für die Richtigkeit der Theorie wurden (von Berlepsch) namentlich folgende beigebracht: in Folge einer Quetschung des königlichen Hinterleibes, wodurch das receptaculum seminis jedenfalls abgerissen wurde, entstand Drohnenbrütigkeit; dasselbe wurde dadurch erzielt, dass eine Königin während 36 Stunden der Temperatur eines Eiskellers ausgesetzt wurde, wodurch die Samenelemente ihre Beweglichkeit und damit ihre Befruchtungsfähigkeit einbüssten; und schliesslich sprachen mit Entschiedenheit dafür die aus der Bastardbildung deutscher und italienischer Bienen gewonnenen Erfahrungen, wonach die Drohnen immer nur nach der Mutter, Königinnen und Arbeiter nach beiden Eltern schlugen.

Trotz allen diesen sehr überzeugenden empirischen Beweisen war es hohe Zeit, dass die Vertreter der exacten Wissenschaften das Ihrige dazu beitrugen, die neue Lehre zu stützen. Siebold erkannte (1854) bei einer vom Hochzeitsfluge heimgekehrten Königin in der Scheide das männliche Copulationsglied und das receptaculum seminis mit Sperma angefüllt; Leuckart dagegen wies nach (1855), dass eine drohnenbrütige Königin unbefruchtet geblieben und dass die Parthenogenesis also eine unleugbare Thatsache ist, und schliesslich fand Siebold (1856) in den weiblichen Bieneneiern die eingedrungenen Samenkörperchen, während dieselben in den Eiern der Drohnenzellen durchgängig fehlten. Später wurde auch von Gerstäcker (1865) bei auffallend kleinen Königinnen der ägyptischen Bienenrasse, welche den Hochzeitsflug nicht ausgeführt hatten, der Mangel von Sperma nachgewiesen. Somit konnte an der Existenz einer Parthenogenesis, deren Resultat die Erzeugung männlicher Bienen ist, nicht länger gezweifelt werden.[1]) Leuckart führte dafür (1857) die Bezeichnung Arrenotokie ein. Uebrigens ist Drohnenbrütigkeit der Königin nicht immer nur die Folge unterbliebener Begattung („primäre Drohnenbrütigkeit" — Leuckart 1858): sie kann auch durch Verbrauch des Spermas im receptaculum, durch Lähmung der dasselbe versorgenden Ganglienknoten, durch zu geringe Beweglichkeit der Samenkörperchen u. dergl. eintreten („sekundäre Drohnenbrütigkeit.") Drohnenbrütigkeit kann, wie erwähnt, auch durch Arbeitsbienen entstehen. Dass diese zuweilen Eier legen, ist eine seit lange (Riem im 18. Jahrhundert) bekannte Thatsache; Huber hatte auch bereits 1792 durch anatomische Zergliederung Eier im Inneren derselben nachgewiesen: doch die Bildung des Geschlechtsapparats bleibt, wie zuerst Siebold[2]) (1843) gezeigt hat, hinter dem Befunde bei einer Königin zurück: das receptaculum seminis ist zwar vorhanden, aber nur rudimentär, so dass es von Leuckart anfangs ganz übersehen wurde, die Eiröhren des Ovariums sind in viel geringerer Anzahl entwickelt (meist 5—6 jederseits, während normale Weibchen 150—180 aufzuweisen haben), und die Scheide ist so eng, dass eine Begattung vollständig unmöglich ist. Die Untersuchungen eierlegender Arbeiterinnen (durch Berlepsch 1855 und Leuckart 1858) haben denn auch den Mangel von Sperma ergeben und mithin auch für diesen Fall die jungfräuliche Zeugung ausser Zweifel gestellt. In besonders günstigen Ernährungsverhältnissen haben wir mit Leuckart den Grund

---

[1]) Von manchen Seiten freilich ist die Parthenogenesis bei der Honigbiene ebenso eifrig bekämpft worden, wie sie von ihren Anhängern vertheidigt wird. Es ist namentlich Ulivi, welcher seit 1872 in einer Menge von Aufsätzen gegen die jungfräuliche Zeugung zu Felde zieht und u. a. von „utopie del transcendentalismo germanico" spricht und zu folgenden Resultaten gelangt: 1. La regina vien fecondata ordinariamente nell' alveare; 2. Vien fecondata più volte nel corso della sua vita; 3. Ogni uovo che nasce, sia di maschio o di femmina, fu precedentemente fecondato per l'accoppiamento dei due sessi; 4. Ogni regina che abbia la spermatofora ripiena e turgida di un liquido qualunque, non è più vergine ma fecondata; 5. Ninna femmina prolifica delle api può essere partenogenetica. — Der Mann ist Parroco und lebt im Lande der Dogmen. Aber auch von anderer Seite sind Bedenken gegen die Parthenogenesis der Bienen erhoben. Pflüger spricht noch 1881 die Ansicht aus, dass die Königin sehr wohl Sperma von anderer Form und daher bisher nicht erkannt, produciere und damit auch die Eier befruchte, aus denen Männchen hervorgehen; wahre Parthenogenesis sei erst dann erwiesen, wenn ein abgelegtes Ei nachträglich durch Befruchtung mit Sperma eines Männchens ein Weibchen liefere. (p. 25—26.) Und Cameron kommt (1889) zu dem Resultate, dass die Drohnen nicht parthenogenetisch entstehen müssen, sondern auch aus befruchteten Eiern hervorgehen können und dann Merkmale des Vaters an sich tragen. — Landois wollte seiner Zeit (1867) die Abhängigkeit des Geschlechts der Bienen von der Befruchtung der Eier bestreiten, wurde aber sehr bald von Bessels (1867) widerlegt.

[2]) Siebold, C. Th. v., Ueber das receptaculum seminis der Hymenopteren-Weibchen in: Germar's Ztschr. f. Entom. 4. Bd. 1843. p. 362—388. — Müller's Arch. 1844. p. 11.

zu suchen, weshalb Arbeiterbienen zuweilen zur Ablage wohl ausgebildeter, von denen der Königin in keiner Weise abweichender Eier befähigt werden.

Uebrigens sind es nicht die Bienen allein, bei welchen diese Erscheinung beobachtet ist; etwas Aehnliches kommt auch bei anderen in Staaten lebenden Hymenopteren vor, vielleicht sogar viel regelmässiger als bei den Bienen. Schon Huber (1802) berichtet von eierlegenden Arbeitern oder, wie er sie nennt, „kleinen Weibchen" der Hummeln, deren Nachkommen stets Männchen sind, und giebt an, dass sich dieselben regelmässig in den Nestern finden.[1]) Später (1858) untersuchte Leuckart mehrere *Bombus*-Arten und fand in den Arbeiter-Ovarien Eier auf den verschiedensten Stufen der Ausbildung. Dasselbe gilt nach seinen Beobachtungen auch für Wespen und Ameisen. Bei *Vespa germanica* besass die Hälfte der Arbeiter eines starken Volkes Eier und Eikeime — es scheint das namentlich im Herbste der Fall zu sein —; auch sah Leuckart einmal eine Arbeiterin derselben Wespenart ein Ei ablegen, das sich zu einer Larve entwickelte, welche aber leider nach einigen Tagen starb. Eine anatomische Untersuchung dieser Arbeiterin ergab deren Jungfräulichkeit. Uebrigens weichen bei Hummeln und Wespen die Arbeiter nach Leuckarts Beobachtungen im Baue der Geschlechtsorgane sehr wenig von den normalen Weibchen ab und sind durchaus befruchtungsfähig, mehrere Hundert, welche zergliedert wurden, erwiesen sich indessen als unbefruchtet. Die Arbeiter der Ameisen dagegen haben einen im Vergleich mit dem der normalen Weibchen noch mehr verkümmerten Geschlechtsapparat als bei den Bienen. Doch finden sich auch bei diesen, wie später auch von Denny (1848) und Lespès (1863) nachgewiesen wurde, legereife Eier in den Ovarien. Leuckart (1858) traf sie sogar in der Scheide an. Weiterhin hat Forel (1874, p. 329) den Beweis geliefert, dass aus diesen Arbeitereiern in gewissen Fällen Junge entstehen, während Dewitz (1877) in seiner Behauptung wohl zu weit geht, dass die Arbeiter regelmässig Eier legen, wofür er — um den Unterschied im Vergleich zu den Bienen verständlich zu machen — als Grund angiebt, dass die Mehrzahl der Ameisen im Herbste abstirbt — was nach Lubbock nicht der Fall ist — so dass die von dem Weibchen allein gelegten Eier nicht ausreichen würden, um das Nest im Frühjahr zu bevölkern. So viel ist gewiss, dass eierlegende Ameisen-Arbeiter mehr oder weniger regelmässig auftreten. Auch Lubbock

---

[1]) Leuckart (Zur Kenntniss des Generationswechsels und der Parthenogenesis, p. 105) spricht die Vermuthung aus, dass vielleicht bei den Hummeln die Männchen ausschliesslich aus Arbeitereiern hervorgehen, eine Ansicht, die man, beiläufig bemerkt, irrtümlicherweise früher für die Bienen geltend gemacht hatte.

fand in den meisten seiner Nester einige fruchtbare Arbeiter. Derselbe hat aber auch den interessanten Nachweis geliefert, dass aus unbefruchteten Ameiseneiern stets Männchen ihren Ursprung nehmen. Dies ist ganz neuerdings (1891) auch von Wasman für fünf verschiedene Ameisenarten bestätigt. Was aber an den Beobachtungen des Letzteren besonders hervorzuheben ist: er hat durch künstliche Temperaturerhöhung in seinen Zuchtnestern die Mehrzahl der Arbeiterinnen zu parthenogenetischer Fortpflanzung veranlasst, während eine solche sonst immer nur bei einigen wenigen Individuen zur Beobachtung kommt. Nach neueren Untersuchungen ist es nicht unwahrscheinlich, dass zuweilen einzelne Arbeiter, in ähnlicher Weise wie bei den Bienen, durch besonders gute Pflege zu Ersatzweibchen herangefüttert werden. Bei *Tomognathus* vermuthet Adler (1880) regelmässige Parthenogenese der Arbeiterinnen. Wenn dies als sicher erwiesen würde, so läge hier ein Ausnahmefall von der Arrenotokie der Ameisen vor.

Bei der Hornisse hatte bereits Gundelach (1852) beobachtet, dass Arbeiter Eier legen, welche sich zu kleinen Individuen — G. kannte den Unterschied zwischen Arbeitern und Männchen nicht — entwickeln. Hiernach musste es zunächst unentschieden bleiben, ob die Parthenogenesis der übrigen geselliglebenden Hymenopteren, wie bei der Biene, eine arrenotoke sei. Auch durch die Angaben von Ormerod (1859) und Stone (1860), welche sich auf Parthenogenesis von *Vespa britannica* und *vulgaris* beziehen, konnte diese Frage nicht als erledigt angesehen werden, — es sollten in dem einen Falle aus Arbeitereiern Arbeiter und Männchen, in dem andern nur Arbeiterwespen entstanden sein. Um so überzeugender haben die mühsamen und bewunderungswürdigen Beobachtungen Siebold's (1870 und 1871) bei *Polistes gallica* eine arrenotoke Parthenogenesis nachgewiesen. Bei dieser Art unterscheiden sich auch die Arbeiterinnen im Bau der Genitalien nicht von der Königin, welch letztere blos Weibchen erzeugt, während erstere die Drohnenbrut liefern. Bei *Vespa holsatica* konnte Siebold gleichfalls eine jungfräuliche Zeugung feststellen, deren Resultat eine durchweg männliche Brut war.

Die neuesten Beobachtungen über hierhergehörige Hymenopteren beziehen sich auf eine Biene der Gattung *Halictus*, bei welcher nach Fabre (1880) aus unbefruchteten, von Weibchen gelegten Eiern eine gemischte Brut hervorgeht.

Schliesslich sei aus dieser Insektenordnung noch erwähnt, dass Parthenogenese auch bei Schlupfwespen zur Beobachtung gekommen ist, nämlich bei *Pteromalus puparum*, deren so erzeugte Nachkommen von Adler (1881) zum bei weitem grössten

Theile als Männchen erkannt wurden, und bei *Paniscus glaucopterus* L., wo Siebold (1884) aus den Eiern jungfräulicher Mütter Weibchen erzogen hat.

Im Gegensatze zur Arrenotokie hat Siebold (1871) diejenigen Fälle der Parthenogenesis, in welcher regelmässig Weibchen erzeugt werden, *Thelytokie* genannt. Dieselbe wurde wissenschaftlich begründet zuerst bei gewissen Schmetterlingen (den Gattungen *Psyche* und *Solenobia*), welche unter dem gemeinsamen Namen der „Sackträger" zusammengefasst werden können, aber zwei ganz verschiedenen Familien (*Bombycidae* und *Tineina*) angehören. Auch für diese Thiere besitzen wir schon aus früherer Zeit (Réaumur 1738, Pallas 1767, Degeer 1771, Kühn 1775, Schiffermüller 1776, Schrank 1776 u. 1802, Scriba 1790, Reutti 1810) Angaben über Entwicklungsfähigkeit unbefruchteter Eier, welche jedoch zum grössten Theile darum nicht zuverlässig sind, weil die flügellosen Weibchen häufig für Raupen gehalten wurden, eine etwaige Begattung derselben also leicht übersehen werden konnte. So waren es denn, wie schon oben bemerkt, gerade derartige Mittheilungen, welche Siebold (1849) mit dem grössten Misstrauen aufnahm und als Gegenbeweis der Existenz einer Parthenogenesis verwerthete. Indessen eigene Untersuchungen an *Solenobia lichenella* Zell.[1]) und *triquetrella* F. R. mussten ihn zu der Ueberzeugung führen, dass diese Thiere ohne Anwesenheit von Männchen zahlreiche entwicklungsfähige Eier legten, wie es vor ihm schon Speyer (1847) und später auch Wocke (1853) und Reutti (1853) beobachtet hatten. Siebold war aber geneigt, diese Individuen für Ammen, die ganze Entwicklungsweise für einen Generationswechsel in Anspruch zu nehmen (1850), und erst als er sich von dem vollständig normalen weiblichen Baue der vermeintlichen Ammen überzeugt hatte (1851), erkannte er den in Rede stehenden Schmetterlingen eine wahre Parthenogenesis zu (1856). Drei Jahre früher hatte sich Leuckart (Art. Zeugung) bereits gegen die Annahme eines Generationswechsels bei *Solenobia* ausgesprochen. In der Folge sind diese „Schaben" noch mehrfach Gegenstand von Beobachtungen und Untersuchungen gewesen, welche stets zur Bestätigung der Jungfernzeugung führten. Leuckart konstatirte (1858) bei *Solenobia lichenella* den Mangel von Sperma im receptaculum seminis und fand an den Eiern einen Mikropyle-Apparat; er machte gleichzeitig darauf aufmerksam, dass die verschiedenen Arten der Sackträger sich in Bezug auf das häufige oder gar regelmässige Auftreten der Parthenogenesis verschieden verhalten möchten. Später wurden

---

[1]) Es hat sich übrigens durch die Zuchtversuche O. Hofmann's herausgestellt, dass *Solenobia lichenella*, von welcher man niemals Männchen angetroffen hatte, die parthenogenesirende Generation der in beiden Geschlechtern bekannten *S. pineti* Zell. ist.

namentlich von Ottmar Hofmann (1859 u. 1869) und von A. Hartmann (1871) zahlreiche Zuchten mit den genannten *Solenobien* angestellt, aus denen sich ergab, dass meist Generationen hindurch — während acht Jahren: Hartmann — immer nur Weibchen auftreten, die Männchen sogar in manchen Gegenden niemals angetroffen werden. Wenn sie vorkommen und die Begattung mit den Weibchen vollziehen, so sind die den befruchteten Eiern entstammenden Nachkommen bald ausschliesslich Weibchen (Hartmann), bald gehören sie zu ungefähr gleichen Theilen beiden Geschlechtern an. Von Siebold wurde noch einmal (1871) das Verhalten des Geschlechtsapparats kontrollirt, der bei den parthenogenesirenden Weibchen genau so gebildet ist wie bei den in Gemeinschaft mit dem anderen Geschlecht auftretenden Weibchen, und bei ersteren stets ein samenfreies receptaculum seminis nachgewiesen. Wenn somit die thelytoke Parthenogenese der *Solenobien* über jeden Zweifel erhaben ist, kann es nur ein verunglückter Versuch genannt werden, wenn Plateau (1868) das Factum der jungfräulichen Zeugung zu leugnen bestrebt ist und sich zu den prahlerischen Worten versteigt (pag. 116): „Un jour viendra, et il est peut-être plus prochain qu'on ne le pense, où ces deux mots parthénogénèse et hétérogénie disparaîtront à tout jamais de la science sérieuse". Er hat die verdiente Zurückweisung durch Breyer (1869) und Siebold (1871) erfahren.

Neben diesen *Solenobien* war es eine ächte *Psyche* — wegen ihres schneckenhausartigen Sackes als *P. helix* beschrieben — für welche zuerst Siebold (1856) eine thelytoke Parthenogenesis kennen lehrte.[1]) Gegen die Richtigkeit dieser Beobachtung konnte um so weniger irgend ein Zweifel aufkommen, als das Männchen dieser Art die längste Zeit hindurch vollständig unbekannt war. Zwar wurde mehrfach (Herrich-Schäffer, Bruand, Nylander) der Versuch gemacht, gewisse *Psychiden*-Männchen (*P. helicinella*) als zu *helix* gehörig zu erklären, aber stets ohne hinreichende Beweiskraft. Erst 1866 ist es Claus geglückt, das wirkliche Männchen von *Psyche helix* zu ziehen.[2]) Dann hat es sich freilich herausgestellt, — worauf zuerst Siebold (1871) aufmerksam gemacht hat — dass dasselbe bereits früher (1852) von Bruand[3]) ohne Ahnung der Zugehörigkeit als *P. crenulella* beschrieben worden

---

[1]) Von A. Hofmann (1859) ist ebenfalls die *Psyche helix* ohne Anwesenheit eines Männchens (6 Jahre hindurch) gezogen worden. — Millière (1864) berichtet über die Entwicklung unbefruchteter Eier von *Psyche helicinella*, sucht diese Erscheinung aber durch Annahme eines Hermaphroditismus zu erklären.

[2]) Später (1868) hat auch Siebold (1871. p. 132) einige Männchen aus Säcken gezogen, die er am Gardasee gesammelt hatte.

[3]) Bruand, Th., Essai monographique sur la tribu des Psychides. in: Mém. Soc. d'émulat. du Doubs. Année 1852. p. 73. (Pl. II. fig. 48a, Pl. III. fig. 48, 48'.) — Même. Besançon 1853. 4.

war. Die Bekanntschaft mit dem männlichen Thiere machte es übrigens nothwendig, für diese Art die besondere Gattung *Cochlophora* zu errichten (Siebold 1871). Jetzt reiht man die Art dem *Genus Epichnopteryx* ein.

Eine in Argentinien lebende und als Raupe durch ihren Frass in den Anpflanzungen sehr schädliche *Psychide*, *Oiketicus Kirbyi*, tritt nach den Beobachtungen von Berg (1874) zuweilen in männerlosen Generationen auf, lässt mithin eine parthenogenetische Fortpflanzung voraussetzen, während andererseits Generationen mit beiden Geschlechtern bekannt sind. Ueber eine dritte hierher gehörige Art, *Psyche apiformis*, liegt uns nur eine Notiz aus früherer Zeit (1810) vor, wonach Rossi mit Anwendung aller Vorsichtsmassregeln festgestellt haben soll, dass zuweilen unbefruchtete Weibchen fortpflanzungsfähig sind.[1]

Am längsten bekannt, aber am spätesten für Parthenogenesis in Anspruch genommen, ist die Fortpflanzung der Blattläuse (*Aphidae*.) Dieselben wurden von Leeuwenhoek (1695), dem ersten Mikroskopiker, entdeckt und zuerst in ihrer Lebensweise beobachtet. Er erkannte, dass sie lebende Junge gebären, die bald nach ihrer Geburt in dem gleichen Geschäfte fortfahren ohne begattet zu sein; ja dass überhaupt keine Männchen vorkommen. In Folge dessen nahm man, wie so häufig, seine Zuflucht zu der Annahme eines Hermaphroditismus (Leeuwenhoek, Cestonj), zumal nachdem auch Réaumur (1737) im Auffinden männlicher Individuen nicht glücklicher gewesen war. Freilich hielt Réaumur aus theoretischen Gründen an dem Vorhandensein von Männchen und an der Nothwendigkeit einer Begattung fest. Dass eine solche nicht stattfindet, davon überzeugte sich zuerst Bonnet (1745) durch isolirte Aufzucht von Blattläusen auf das bestimmteste: er sah innerhalb $2^1/_2$ Monaten neun Generationen viviparer Weibchen aufeinander folgen, ohne dass eine Spur männlichen Einflusses vorhanden gewesen wäre. (Observat. VI.) Aber bald gelang es ihm auch (bei den Eichen-Blattläusen) Männchen aufzufinden und in Copulation mit Weibchen anzutreffen. (Observat. VIII et IX; XIV.) Diese letzteren legten darauf Eier ab, die ihm im nächsten Frühjahre eine neue Generation lieferten. (Observat. XIX.) Damit war zum ersten Male eine doppelte Art der Fortpflanzung bei den Blattläusen nachgewiesen. Dass sich dieselben auf verschiedene Individuen vertheilt

---

[1] Hierher gehören auch die gleichfalls älteren Angaben über Parthenogenesis von *Psyche riciella* S. V. und P. (*Echinopteryx*) *nitidella*, die in neuerer Zeit nicht bestätigt worden sind; nur Hering hat, nach einer schriftlichen Mittheilung an Keferstein (Stettin. Ent. Ztg. 1861. p. 444), aus unbefruchteten Eiern von seiner *Psyche Stettinensis* — einer blossen Varietät der *riciella* — Raupen gezogen.

und innerhalb eines Generationscyklus auftritt, welcher mit den aus Eiern ausschlüpfenden viviparen Formen im Frühjahr beginnt und mit männlichen und weiblichen Thieren, denen befruchtete Eier entstammen, im Herbste abschliesst, dies zuerst nachgewiesen zu haben, ist das Verdienst Degeer's (1773, T. III), welcher seine Beobachtungen namentlich an *Lachnus pini* und *Aphis rosae* angestellt hat. Dieser Forscher kam übrigens zu der Ueberzeugung, dass die geschlechtlich differenzirten Individuen bei Nichteintritt der kalten Jahreszeit ganz in Wegfall kommen würden, wie er denn die Blattläuse der Tropen für ausschliesslich vivipar ansprach. Dass er darin einen wichtigen, wenn auch vielleicht nicht den einzigen Erklärungsgrund getroffen hat, bewiesen die (1815) von Kyber angestellten Experimente. Es gelang nämlich, eine Blattlauskolonie (von *Aphis rosae*) vier Jahre lang durch mehr als 50 Generationen hindurch in ausschliesslich viviparen Individuen zu züchten, indem durch künstliche Wärme der Einfluss des Winters eliminirt wurde. Aehnliche Beobachtungen stellte später (1825) auch Duvau an, welcher u. a. innerhalb von sieben Monaten elf Generationen viviparer Blattläuse züchtete. Obwohl bereits durch Degeer (l. c. p. 27) festgestellt war, dass eierlegende und vivipare Blattläuse verschiedene Individuen sind, die ihre Rolle niemals vertauschen, sind dieser Thatsache in der Folge doch mancherlei gegentheilige Behauptungen entgegengestellt worden. So von Morren[1]) bezüglich *Aphis persicae*, von Ratzeburg[2]) bei *Aphis oblonga*, Newport[3]) bei *Aphis rosae*; und noch 1857 giebt Heyden an, dass er gesehen habe, wie die Weibchen von *Lachnus quercus* sich mit den von ihnen soeben geborenen Männchen begatteten[4])

Von der Unrichtigkeit derartiger Behauptungen musste man sich am sichersten durch eine anatomische Untersuchung der viviparen und oviparen Individuen überzeugen. Siebold wies zuerst 1839[5]) nach, dass den viviparen Blattläusen die Samen-

---

[1]) Morren, Ch. Fr. A., Mémoire sur l'émigration du Puceron du Pêcher *(Aphis persicae)* et sur les caractères et l'anatomie de cette espèce. in: Bull. Acad. roy. Bruxelles. T. 2. 1836. p. 75—104. — Ann. sc. nat. 2. Sér. T. 6. 1836. p. 65—93.

[2]) Ratzeburg, J. Th. Chr., Agenda hemipterologica. in: Stettin. Entom. Ztg. 5. Bd. 1844. p. 9—14.

[3]) Newport, G., On the generation of Aphides. in: Trans. Linn. Soc. London. Vol. 20. 1847. p. 281—283.

[4]) Diese Mittheilung zieht auch Leydig (1860) heran, um die Ansicht zu stützen, dass die viviparen Blattläuse gegen Ende des Sommers ovipar werden (p. 67).

[5]) Bereits 1833 hatte Léon Dufour (Recherches anatomiques et physiologiques sur les Hémiptères. in: Mém. d. Savants étrang. à l'Acad. d. sc. Paris. T. 4. 1833. p. 232) nachgewiesen, dass die viviparen Blattläuse der accessorischen Theile, der von ihm sog. „glandes sébifiques", des Leitungsweges entbehren.

tasche fehlt,¹) welche bei den oviparen in der gewöhnlichen Weise vorhanden ist, und dass beide Formen auch in der Ausbildung der Eiröhren von einander abweichen, weshalb dieselben bei den viviparen Individuen als „Keimstock" bezeichnet werden.

Es war nur eine weitere Consequenz, wenn Steenstrup (1842) die viviparen Blattläuse überhaupt nicht als Weibchen in Anspruch nimmt, sondern in ihnen Ammen erkennt, welche bei dem als Generationswechsel zu deutenden Entwicklungscyklus die Rolle der ungeschlechtlichen Fortpflanzung durch „Keime" übernehmen. Durch die Beschaffenheit dieser Keime suchte später (1849) Carus die Auffassung der Aphidenentwicklung als Generationswechsel noch fester zu begründen, indem er dieselben als eine amorphe Körnermasse im Gegensatze zur Zellennatur des Eies hinstellte und die nächsten Analogien in den Keimschläuchen der Trematoden erkannte. Die Unrichtigkeit dieser Angaben wurde aber bald erwiesen. Nach den Untersuchungen von Leydig (1850) und Burnett (1853)²) liegt der Entwicklung der viviparen Blattläuse genau so eine Zelle zu Grunde, wie bei den auf geschlechtlichem Wege erzeugten Formen. Dennoch aber blieb für die meisten Forscher die Entwicklung der Blattläuse ein Generationswechsel. Siebold schrieb 1856, „dass die viviparen Blattläuse keine Weibchen sind, welche sine concubitu im jungfräulichen Zustande entwicklungsfähige Eier hervorbringen, sondern geschlechtslose, mit Keimstöcken ausgestattete ammen- oder larvenartige Individuen, welche von den wirklich jungfräulichen Blattlaus-Weibchen himmelweit verschieden sind" (pag. 14.) Auch Leuckart (1858) findet es „vollständig gerechtfertigt", die Fortpflanzung der Blattläuse dem Gesetze des Generationswechsels unterzuordnen, und die viviparen Individuen als Ammen zu bezeichnen. (pag. 21.)

Bei aller Anerkennung gewisser Differenzen zwischen viviparen und oviparen Blattläusen, von denen sich die letzteren, wie nach Siebold auch von Leuckart (1858 und 1859) und Balbiani (1866) nachgewiesen wurde, eng an die normalen Insektenweibchen anschliessen, mussten die verschiedenen Beobachter doch darin übereinstimmen, was zuerst Leydig betont hatte, dass keine fundamentalen Unterschiede in der morphologischen Bedeutung von Ei und Keim nachzuweisen sind; wohl aber wurde das verschiedene Verhalten beider in Bezug auf ihre Entwicklung für bedeutend genug erachtet, einen Unterschied zwischen diesen Gebilden aufrecht

---

¹) Leydig (Naturgesch. d. Daphniden. 1860. p. 67) will allerdings ein gering entwickeltes receptaculum seminis bei viviparen Aphiden aufgefunden haben.

²) Die Angaben Burnett's sind übrigens vielfach irrige und von denen Leydig's abweichende; indem er z. B. das Vorhandensein eines dem Ovarium entsprechenden Organs in Abrede stellt.

zu erhalten und sogar durch besondere Bezeichnungen zum Ausdruck zu bringen. Leuckart (1858) äussert sich darüber folgendermassen (pag. 20): „Beiderlei Gebilde sind allerdings als Zellen zu betrachten, die sich auf analoge Weise in einen Embryo entwickeln, aber in dem einen Falle, bei den Keimzellen, beginnt diese Entwicklung bereits ausserordentlich frühe, schon zu einer Zeit, in der das Material für den Aufbau des Embryo noch lange nicht vorhanden ist, während im anderen Falle, bei den Eiern, die Entwicklung des Embryo in einer sehr viel späteren Zeit anhebt, erst dann, nachdem dieses Material vollständig herbeigeschafft und durch Ausscheidung einer festen Hülle nach aussen abgeschlossen ist." Auf einem ähnlichen Standpunkte stehen auch Huxley (1857) und Lubbock (1857), von denen der erstere den Vorschlag macht, die Fortpflanzungskörper der viviparen Blattläuse als Pseudova, die Bildungsstätte derselben als Pseudovarien zu bezeichnen, worin ihm die meisten Forscher gefolgt sind. Damit werden diese Pseudova aber durchaus noch nicht zu ungeschlechtlichen Fortpflanzungskörpern gestempelt.[1]) Denn so verdienstvoll es auch gewesen sein mag, dass Steenstrup den Entwicklungsgang der Blattläuse als Generationswechsel auffasste, indem dadurch die sonst so wunderbar erscheinende Fortpflanzung ohne Befruchtung mit ähnlichen Vorgängen von einem gemeinsamen Standpunkte aus beurtheilt werden konnte, so drängte doch der Fortschritt unserer Kenntnisse allmählich zu einer Wiederaufnahme der früheren Anschauung, dass die viviparen Blattlaus-Individuen nicht Ammen, sondern wirkliche Weibchen sind: nicht Hermaphroditen, wofür sie nicht blos von den ältesten Beobachtern, wie schon erwähnt, sondern auch von Karl Ernst v. Baer[2]) (1828) und noch viel später (1866 u. f. Jahre) von Balbiani in Anspruch genommen sind, auch nicht Weibchen, welche unter dem Einflusse befruchteter Vorfahren eine neue Generation zu erzeugen vermögen, wofür sich Trembley[3]) (1741), Kirby u. Spence[4]) (1828), Dutrochet[5]) (1833) und Owen[6]) (1843) ausgesprochen hatten, sondern befruchtungsunfähige und zur

---

[1]) Dieser Standpunkt findet allerdings auch seine Vertreter, so u. a. in Quatrefages, Métamorphoses de l'homme et des animaux. 1862. p. 281.

[2]) Baer, K. E. v., Ueber Entwicklungsgeschichte der Thiere. I. Theil. 1828. p. 152. („Vielleicht darf man annehmen, dass diese Eier ursprünglich nicht weiblicher Natur, sondern weiblich-männlich waren.")

[3]) Trembley, in einem Briefe an Bonnet (24. Jan. 1741) in des Letzteren „Considérations sur les corps organisés". Amsterdam. 1762. II. p. 103.

[4] Kirby u. Spence, An Introduction to Entomology. Vol. IV. 1828. p. 161.

[5]) Dutrochet, Henri, Observations sur les organes de la génération chez les Pucerons. in: Ann. sc. nat. T. 30. 1833. p. 204—209.

[6]) Owen, Rich., Lectures on Comparative Anatomy delivered at the Royal College of Surgeons. in 1843. London 1843. (Hunterian Lectures. Nr. 9.) p. 233—235.

Fortpflanzung der Befruchtung nicht bedürftige Weibchen. Schon 1856 hatte Filippi geäussert: „Gli Apidi vivipari sono dunque da considerarsi come vere femini vergini" (pag. 77), und Claus (1858 u. 1864) sprach sich dahin aus: „Wir sehen in den sogenannten Aphidenammen nur zweckmässig organisirte Weibchen, in den sog. Keimzellen von den wirklichen Eiern nur graduell verschiedene Keimprodukte" (pag. 22). Diese Auffassung fand dann auch in Gerstäcker (1867 in Bronn's Klassen und Ordnungen) einen entschiedenen Vertreter, welchem sich später (1874) auch Leuckart[1]) anschloss. Was übrigens dieser Ansicht am meisten zur Stütze gereichte, waren die Beobachtungen, welche an verwandten Pflanzenläusen, zunächst an gewissen Schildläusen (*Coccidae*) gemacht wurden. Wir verdanken dieselben wiederum Leuckart (1858), welcher seine Untersuchungen an verschiedenen Arten der Gattungen *Lecanium* und *Aspidiotus*, sowie an *Coccus adonidum* anstellte.

Die männlichen, zuerst von Réaumur[2]) entdeckten und von den weiblichen Individuen beträchtlich abweichenden Schildläuse treten nur kurze Zeit im Jahre auf und sind von vielen Arten bisher überhaupt nicht bekannt geworden.[3]) Wenn man sich früher (Bärensprung)[4]) für berechtigt hielt, diesen Thieren eine einzige, durch befruchtete Eier sich fortpflanzende Generation zuzuschreiben, so hat man sich wenigstens für gewisse Arten allmählich eines Anderen überzeugen müssen. Nachdem zuerst Leydig (1854) bei *Lecanium hesperidum* der viviparen Aphidengeneration entsprechende „Ammen" nachgewiesen zu haben glaubte, erkannte Leuckart diese Individuen bei der genannten und bei einigen anderen Formen als durchaus normale,

---

[1]) Leuckart war übrigens schon 1859 (p. 225 u. ff.) von seiner entschiedenen Parteinahme für die Auffassung der Aphidenentwicklung als Generationswechsel bedeutend zurückgetreten. 1874 spricht er sich folgendermassen aus: „Wie die Sachen gegenwärtig liegen, scheint es in der That am natürlichsten, die ersteren (nämlich die viviparen Blattläuse) gleichfalls für eine Art parthenogenesirender Weibchen zu halten, allerdings für Weibchen, die der eigentlichen Bestimmung dieser Thiere, der Produktion befruchteter Eier, noch mehr entfremdet sind, als es bei den gewöhnlichen Formen der parthenogenesirenden Individuen der Fall ist."

[2]) Réaumur, Mémoires pour servir à l'histoire des Insectes. T. IV. 1738. Mém. 1 et 2.

[3]) Bärensprung, Felix v., Beobachtungen über einige einheimische Arten aus der Familie der *Coccinen*. in: D'Alten's Ztschr. f. Zool. 1. Bd. 1848. p. 166—170; 173—176.

[4]) Neuerdings berichtet Moniez (1887) von den Männchen des *Lecanium hesperidum*, die er niemals im Freien, sondern nur im Innern des Mutterthieres aufzufinden vermochte. Er nimmt infolgedessen auch an, dass hier die Befruchtung erfolge und so bei dieser Art und vielleicht auch in manchen anderen Fällen da eine Parthenogenese in Anspruch genommen werde, wo sich die Befruchtung der Eier der Beobachtung entzogen habe. — Die Wissenschaft bewegt sich oft in einem Kreisbogen und kommt manchmal nach Jahren da wieder an, wo sie schon einmal gestanden hat! Die Moniez'sche Ansicht durchgeführt, würde an Stelle der Parthenogenesis den Hermaphroditismus wieder einsetzen.

mit Samentasche versehene Weibchen. Dasselbe bestätigte (1860) Claus[1]) für *Coccus cacti*, welche sich parthenogenetisch, nicht vivipar. wie Leydig geglaubt hatte. sondern durch Eier, deren Embryo allerdings ziemlich fertig gebildet ist und bald ausschlüpft, fortpflanzen. Es versteht sich von selbst, dass Leuckart sich bei dieser Behauptung von dem Mangel der Samenelemente im receptaculum seminis überzeugt hatte und für die genannten Arten um so leichter vor einem Irrthum bewahrt wurde, als er bei *Coccus adonidum* den gegentheiligen Befund erkannte. Wenn Leuckart an seine Untersuchungen die Bemerkung knüpft: „Ob alle oder nur gewisse Arten die parthenogenetische Entwicklung besitzen, ob diese Entwicklung regelmässig bei dem unbefruchteten Weibchen stattfindet oder nur mitunter geschieht, ob vielleicht mehrere solcher jungfräulicher Generationen auf einander folgen — dies Alles sind Verhältnisse. die ich hier einstweilen noch unentschieden lassen muss" (pag. 44), so drückt er damit nicht nur den Stand der damaligen, sondern auch noch den heutigen Stand unserer Kenntnisse über die Fortpflanzung der *Cocciden* aus. Unsere obige Behauptung, dass diese letztere für die Beurtheilung der *Aphiden*-Entwicklung von Bedeutung gewesen sei, muss um so gerechtfertigter erscheinen, als sich in ganz ähnlicher Weise auch die Fortpflanzung einer kleinen Gruppe von Pflanzenläusen vollzieht, welche man mit den *Aphiden* zu vereinigen pflegte, nämlich die der Rindenläuse. Schon im Anschluss an seine Mittheilungen über die Parthenogenese der *Cocciden* konnte Leuckart die Angaben von Degeer[2]) und Kaltenbach[3]), wonach sich die Lebensgeschichte der *Chermes*-Arten aus zwei verschiedenen Generationen zusammensetzt. durch die Beobachtung erweitern, dass die (flügellosen) Individuen der (als Ei oder fertige Thiere) überwinternden Generation sich aus parthenogenesirenden Weibchen zusammensetzt. „Ich habe mich davon überzeugt" — so berichtet Leuckart bereits ein Jahr später (pag. 213) — „dass die Fortpflanzung unserer Tannenläuse in beiden Generationen auf parthenogenetischem Wege, durch spontane Entwicklung der Eier, vor sich geht." Wie es ihm nicht geglückt ist, Männchen[4])

---

[1]) Claus, C., Zur Kenntniss von *Coccus cacti*. in: Würzburger naturwiss. Ztschr. 1. Bd. 1860. p. 150—154; Sitzber. p. XVII.

[2]) Degeer, Mémoires pour servir à l'histoire des insectes. T. III. p. 66.

[3]) Kaltenbach, Monographie der Pflanzenläuse. 1843. p. 193.

[4]) Irrthümlicherweise hat Ratzeburg (Forstinsekten. 3. Theil. 1844. p. 201) die kleineren Individuen der geflügelten Generation für Männchen in Anspruch genommen, später aber selbst (Waldverderber. 5. Aufl. 1860) diesen Fehler corrigirt, nachdem Leuckart ihn darauf aufmerksam gemacht hatte. Zu meinem Bedauern ist mir dies entgangen, als ich 1882 in meinen „Verwandlungen der Thiere" die Abbildung Ratzeburg's, welche die Verlagsbuchhandlung bereits besass, mit der falschen Bezeichnung aufnahm.

von *Chermes abietis* aufzufinden, so stand man noch lange erwartungsvoll vor einer befriedigenden Lösung der Frage, giebt es deren überhaupt nicht oder treten sie nur unter ganz bestimmten und dann offenbar sehr beschränkten Verhältnissen auf? Zwar in einer späteren Abhandlung (1874) glaubte er auf das Vorhandensein einer zweigeschlechtlichen Generation schliessen zu müssen, besonders in Hinblick auf die durch Derbès und Balbiani für verwandte Formen gewonnenen Resultate, aber erst im Jahre 1887 gelang es Blochmann, die Geschlechtsgeneration der Tannenlaus nachzuweisen. Sehr bald zeigte sich übrigens, dass Blochmann trotzdem den Entwicklungscyklus dieser Art für einfacher gehalten hatte, als er wirklich ist, und so wurden gerade diese Tannenläuse in den letzten Jahren zum Gegenstande zahlreicher Beobachtungen, an denen sich ausser dem genannten Forscher vor allem Dreyfus (1889) und auch Cholodovsky (1889) mit Erfolg betheiligten. In gleicher Weise, wie für *Chermes abietis*, hat Leuckart übrigens auch für *Ch. piceae, laricis*[1]) und *Phylloxera* (*coccinea*) *quercus* die parthenogenetische Fortpflanzung bei den theils geflügelten (*Ch. laricis*), theils ungeflügelten Generationen nachgewiesen. Ausführlichere Beobachtungen über die Eichenlaus verdanken wir Balbiani (1873). Danach folgen sich, wie bei den Blattläusen, den ganzen Sommer hindurch Individuen von der gleichen Art, welche sich auf parthenogenetischem Wege fortpflanzen, aber nicht vivipar sind, sondern Eier legen. Die letzte aus geflügelten und flügellosen Weibchen bestehende Sommergeneration legt zweierlei verschiedene Eier, grössere, denen die Weibchen, und kleinere, denen die Männchen ihren Ursprung verdanken. Erstere legen je nur ein befruchtetes Ei, welches überwintert, um im Frühjahr die erste parthenogenetische Generation aus sich hervorgehen zu lassen.

In fast derselben Weise verläuft im grossen und ganzen auch der Entwicklungsgang bei der Reblaus (*Phylloxera vastatrix*), der uns besonders durch die Untersuchungen von Balbiani, Signoret, Riley, Lichtenstein, Dreyfus u. v. A.[2]) bekannt geworden ist. Es kann uns hier übrigens nur darauf ankommen, hervorzuheben, dass bei den genannten Gruppen von Phytophthiren die jungfräuliche Zeugung eine Rolle spielt, denn die genauere Schilderung der ausserordentlich verwickelten Generationsfolgen gehört nicht hierher, sondern in eine Darstellung der heterogenetischen

---

[1]) Dass *Chermes laricis* nur eine der verschiedenen Generationen ist, in welchen *Ch. abietis* auftritt, ist erst ganz neuerdings durch Dreyfus festgestellt worden.

[2]) In unserer Litteratur-Zusammenstellung ist nur ein kleiner Theil der auf *Phylloxera* bezüglichen Arbeiten aufgenommen. Wegen der bis 1880 incl. erschienenen Publikationen verweise ich auf die Zusammenstellung in meiner Bibl. zool.

Fortpflanzung als solcher. Nur das wollen wir nicht unerwähnt lassen, dass auch heutigen Tages unsere Kenntnisse über diese Vorgänge keineswegs als abgeschlossen zu betrachten sind. Je genauer die Entwicklungsverhältnisse der *Chermes-* und *Phylloxera*-Arten, namentlich durch die neuesten vortrefflichen Untersuchungen von Dreyfus, bekannt werden, um so weniger kann man sich der Annahme zuneigen, dass ein völlig befriedigender Einblick in dieselben gewonnen sei. Vor allem ist es das Auftreten der sog. Parallelreihen, auf welche schon Lichtenstein vielfach hingewiesen hatte und deren Vorkommen neuerdings besonders von Dreyfus genauer studirt wird, welches einem klaren Einblick in den gesammten Lebenscyklus dieser interessanten Thiere nicht unerhebliche Schwirigkeiten in den Weg legt. Nachträglich muss noch bemerkt werden, dass bei den sog. Gallenläusen ein Generationscyklus bekannt geworden ist — wir verdanken diese Kenntniss den Untersuchungen von Derbès (1872) an *Pemphigus terebinthi* —, welcher etwas von demjenigen der freilebenden (und mit „Honigtrompeten" versehenen) Aphiden abweicht; insofern nämlich, als hier die zweigeschlechtliche Generation im Frühjahre auftritt, und bei der viviparen Generation geflügelte und ungeflügelte Individuen nicht untermischt, sondern getrennt und unter etwas abweichenden Lebensverhältnissen auftreten.

Neuerdings hat man auch bei einigen Vertretern der Pseudo-Neuropteren parthenogenetische Fortpflanzung vermuthet, aber in der That nur vermuthet; denn etwas Sicheres ist aus den Angaben Schoch's (1884) über *Ephemerella ignita* und Eaton's[1] (1883) über *Cloëon dipterum* nicht zu entnehmen. Der Letztere stellt seine Vermuthung nur anderen Auffassungen (von Calori und Joly) gegenüber, und Schoch beobachtete, wie eine Nymphe der genannten Art unter einem Deckgläschen Eier entleerte und spricht in Folge dessen von einer „pädogenetischen Eintagsfliege". Es wird überhaupt in unserer Zeit zu viel konstruirt und publizirt! Was helfen uns alle Muthmassungen über das Vorkommen von Parthenogenesis, wenn die direkte Beobachtung fehlt. Weil bei Musca nach den Untersuchungen Lowne's eine ähnliche Einrichtung des weiblichen Leitungweges vorzuliegen scheint wie bei *Apis* vermuthet Cheshire,[2] es könnte vielleicht auch bei ersterer arrenotoke Parthenogenesis vorkommen! Und Stuhlmann (1886) schliesst Parthenogenesis bei Sphinx

---

[1] Eaton, A. E., A Revisional Monograph of recent Ephemeridae or Mayflies. Part I. in: Trans. Linn. Soc. London. 2. Ser. Zool. Vol. III. Part I. 1883. p. 11.

[2] Cheshire, Frank R., The apparatus for differentiating the sexes in Bees and Wasps. An anatomical investigation into the structure of the receptaculum seminis and adjacent parts. in: Journ. Roy. Micr. Soc. 2. Ser. Vol. 5. 1885. p. 1—15.

ligutsri und Musca vomitoria, weil sich an unbefruchteten Eiern Gebilde fanden, die er nur als Fruchtungskerne deuten konnte (pag. 143 u. 153.) Stuhlmann geht in seinen Schlussfolgerungen übrigens noch weiter. Weil er nur bei den Eiern eines einzigen Individuums am oberen Pole „zwei oder mehrere helle verschwommene Flecken", auffand die er nur als Kerne deuten konnte. — Stuhlmann hat bekanntlich nirgends Richtungskörper nachzuweisen vermocht — und die er durch parthenogenetische Furchung entstanden glaubt, so schliesst er daraus, das Parthenogenese von der Constitution des betreffenden Individuums abhängt. „Man kann nun an diesem Beispiele sehen — heisst es dann — wie bei einzelnen Individuen einer Art, die sich geschlechtlich fortpflanzt, Parthenogenese auftreten kann. Wenn diese nun für die Art günstig ist, so kann man sich denken, dass die parthenogenetisch sich fortpflanzenden Individuen im Kampf ums Dasein ganz allmählich den Sieg davon trugen und so durch Naturzüchtung die Parthenogenese bei der ganzen Art auftrat." Quod erat demonstrandum!

Nächst den Blattläusen sind es gewisse Krebse, über deren Fähigkeit, sich aus unbefruchteten Eiern zu entwickeln, wir am längsten unterrichtet sind. Wie schon Eingangs unserer historischen Uebersicht hervorgehoben wurde, hat der Regensburger Pfarrer Schäffer bereits 1755 die Parthenogenesis bei Daphniden auf das unzweideutigste erwiesen. Durch Isolation der von einem trächtigen Weibchen des „geschwänzten zackigen Wasserflohs" ausgestossenen Jungen stellte er fest, dass diese letzteren von neuem Junge in ihrer Leibeshöhle erzeugten, ein Vorgang, welchen er durch drei aufeinander folgende Generationen verfolgen konnte. Schaeffer stellte diese Thatsache auch in Parallele mit der Fortpflanzung der viviparen Blattläuse („Erdinsekten"). Jurine brachte es (1820) bei seinen in ähnlicher Weise angestellten Zuchten sogar auf sechs ohne Befruchtung auf einander folgende Generationen. Schon 15 Jahre früher hatte Ramdohr (1805) vom Juni bis September zehn Generationen nach einander gezüchtet, welche stets nur aus den gleichen Individuen bestanden. Er hielt dieselben allerdings nicht für Weibchen, sondern, wie auch Schäffer und Statius Müller[1]) gethan hatten, für Zwitter, eine Ansicht, welcher zuerst Jurine entgegentrat.

Diese Beobachtungen bezogen sich übrigens nur auf die Sommereier, welche in dem Schalenbrutraume bis zum Ausschlüpfen der Jungen getragen werden. Für dieselben ist die Parthenogenesis auch in der Folge bei allen darauf gerichteten

---

[1]) Statius Müller in der Uebersetzung von Linné's Systema naturae.

Untersuchungen bestätigt worden. Daneben werden aber auch Wintereier produzirt, welche durch den Besitz des sog. Sattels oder des Ephippium ausgezeichnet sind.[1]) Dieselben bedürfen, wie sich später herausgestellt hat, zur Entwicklung der Befruchtung, während sie allerdings unabhängig von letzterer ihre Entstehung nehmen können. Dass die Fortpflanzung der Daphniden durch Sommer- und Wintereier in einem mehr oder weniger regelmässigen Cyklus geschieht, gehört in das Kapitel der Heterogonie und ist in umfassender Weise behandelt von Weismann (1877—79.) Die mit den Cladoceren nahe verwandten Branchiopoden liefern gleichfalls eine Anzahl von Beispielen für die jungfräuliche Zeugung. Am längsten bekannt und zwar ebenfalls durch die Beobachtungen Schäffers (1756) ist dieselbe bei *Apus cancriformis* und *productus*. Wie bei den *Daphnien* züchtete Schäffer auch bei den „Kieferfüssen" durch Isolirung mehrere Generationen und kam dabei zu der Ueberzeugung, dass dieselben „auch ohne Befruchtung fruchtbare Eier müssten in sich gehabt und von sich gegeben haben" (pag. 118.) Sämmtliche von ihm untersuchte Individuen trugen Eier an sich, doch vermuthete Schäffer, in dem sehr erklärlichen Vorurtheile seiner Zeit, dass die Befruchtung zur Entwicklung nothwendig sei, befangen, es sei innerhalb einer jeden weiblichen Geschlechtsöffnung ein männliches Zeugungsglied verborgen. Diese Annahme vom Hermaphroditismus der *Apus* hat auch in der Folge verschiedene Vertreter gefunden: so in Pallas (1768), welcher in einer Pfütze bei Berlin 160 Individuen sämmtlich mit Eiern angetroffen hatte; in C. F. Schultze (1772), welcher über tausend Exemplare untersuchte und eine Selbstbefruchtung dieser stets Eier enthaltenden Krebse für wahrscheinlich ansah; ferner in Berthold (1830), der die sog. rothen Beutelchen[2]) als die männlichen Geschlechtsdrüsen ansprechen zu müssen meinte, und endlich in Zaddach (1841), welcher gleichfalls irrthümlicher Weise männliche Organe nachzuweisen suchte.

Es lag nahe, worauf zuerst Siebold (1856) und Leuckart (1857) hinwiesen, die Fortpflanzung der *Apus* als wahre Parthenogenesis in Anspruch zu nehmen. Im

---

[1]) Diese mit dem „Ephippium" versehenen Wintereier sind bereits 1785 von O. Fr. Müller (*Entomostraca s. Insecta testacea*) beschrieben, und von Ramdohr (1805) wurde der Sattel ganz richtig als eine Schutzeinrichtung erkannt, während Jurine (1820) darin eine pathologische Bildung sah. Nach den Versuchen Lubbock's (1857) schien die Bildung der Wintereier durch vorausgegangene Begattung bedingt zu sein. Ramdohr hatte freilich auch bei Weibchen, welche von Männchen ferngehalten waren, die Bildung von Wintereiern beobachtet, was denn auch in der Folge seine Bestätigung gefunden hat (Weismann).

[2]) Siebold (Isis 1831. p. 429) wies nach, dass diese Gebilde nichts anderes als die durch den Tod mit Blut erfüllten Kiemenblättchen sind.

Jahre 1857 wurde zum ersten Male mit Sicherheit[1]) das Männchen von *Apus cancriformis* beschrieben durch Kozubowski, welcher dasselbe bei Krakau auffand. Wenn aus diesem Befunde von den Gegnern der Parthenogenesis der Schluss gezogen wurde, dass eine solche hier nicht vorkomme, so sollte derselbe bald hinfällig gemacht werden. Trotzdem die Entdeckung des Männchens bei *Apus cancriformis* auch von Brühl (1860) bestätigt werden konnte, und 1864 durch Lubbock auch für *A. productus* das andere Geschlecht bekannt wurde, so steht es doch fest, dass die Männchen äusserst selten und local sehr beschränkt auftreten, während die Weibchen oft zu unendlichen Mengen und weit verbreitet erscheinen. Siebold (1871) beobachtete an ein und demselben Fundorte (Gossberg bei Forchheim) den *Apus cancriformis* in acht auf einander folgenden stets männerlosen Generationen. Einmal nahm dieser Forscher sämmtliche Exemplare (5796 an Zahl) durch Ablassen des Wassers aus ihrer Pfütze heraus und fand auch nicht ein einziges Männchen. Durch Siebold ist die thelytoke Parthenogenesis bei *Apus* über jeden Zweifel erhoben worden. Später (1872) stellte Brauer fest, dass aus den befruchteten *Apus*-Eiern Männchen hervorgehen.

Die Seltenheit oder sogar die Unkenntniss der Männchen legte auch für einige andere Branchiopoden die Annahme einer parthenogenetischen Fortpflanzung nahe. Joly (1840) fand unter 3000 Exemplaren der *Artemia salina* kein Männchen[2]), er suchte dies wiederum durch Hermaphroditismus zu erklären. Gerstäcker (1867) deutete den Befund zuerst als Parthenogenesis, womit Siebold (1871) übereinstimmte, während Leydig (1851) darin einen Generationswechsel hatte erkennen wollen. Später konnte Siebold (1871) für diese Art, welche er von *Capo d'Istria* und *Celle*

---

[1]) Die Mittheilung von Le Conte (Descriptions of a new species of Apus, in: Amer. Journ. Sc. a. Arts. 2. Ser. Vol. 2. 1846. p. 275 oder Annals of the Lyceum Nat. Hist. New-York. Vol. 4. 1848. p. 155), nach welcher *Apus longicaudatus* sämmtlich keine Eier besassen und nur deshalb als Männchen erklärt wurden, ist für die Richtigkeit dieser Behauptung keineswegs beweiskräftig. — Nach einer anderen, auf der Breslauer Naturforscher-Versammlung 1833 von Retzius gemachten Mittheilung hat Kollar bei Wien das Männchen von *Apus cancriformis* entdeckt. Es ist darüber nie etwas Näheres bekannt geworden; ich bin in der Lage, bemerken zu können, dass ein von Kollar an Burmeister gesandtes Exemplar, welches sich noch in der Sammlung des Halle'schen zoologischen Instituts befindet, in der That ein Männchen ist.

[2]) Das Männchen von *Artemia salina* war übrigens schon längst (seit 1755) bekannt durch Schlosser (Extrait d'une lettre de M. le Doct. Schlosser, concernant un Insecte peu connu [Limington en Hampscire le 7 Oct. 1755] in: Gautier, Observations périodiques sur la physique, l'hist. nat. et les beaux arts. Paris 1756. — cfr. auch Hamburger Mag. XVII. 1756. p. 108). Dasselbe ist dann auch von Leydig (1851) ausführlich beschrieben worden.

erhalten hatte, eine thelytoke Parthenogenesis mit Sicherheit nachweisen. Auch bei anderen *Artemia*-Arten sind Männchen sehr selten oder überhaupt noch nicht bekannt, so dass für dieselben mit grosser Wahrscheinlichkeit ein ähnliches Verhalten wie bei *A. salina* angenommen werden darf. Es handelt sich dabei namentlich um *A. Milhausenii*, welche von Fischer v. Waldheim[1], Rathke[2] und Seb. Fischer[3] in ausschliesslich weiblichen Generationen beobachtet worden ist.

Als dritte hierher gehörige Form, bei welcher eine parthenogenetische Fortpflanzung zweifellos ist, muss *Limnadia Hermanni* gelten, von welcher die Männchen[4] bis heute noch nicht bekannt sind. Dieselbe wurde genauer zuerst von Brongniart (1820) untersucht; unter nahe an 100 bei Fontainebleau gesammelten Individuen fand sich kein Männchen. Ebenso waren mehrere tausend Exemplare, welche Lereboullet (1850) bei Strassburg musterte, ausschliesslich weiblich, wovon sich auch Siebold (1871) durch Autopsie zu überzeugen Gelegenheit hatte.

Sehr viel später als bei den *Phyllopoden*, nämlich erst 1880, wurde fast gleichzeitig von Weismann und Wilh. Müller auch für die *Ostracoden* eine parthenogenetische Fortpflanzung festgestellt, und nach später fortgesetzten Beobachtungen des erstgenannten Forschers gelang es, von einer Art, *Cypris reptans*, vierzig Generationen hindurch reine Parthenogenesis nachzuweisen. (1891, pag. 170). Ehe wir den Typus der *Arthropoden* verlassen, sei noch erwähnt, dass auch bei einigen anderen Vertretern desselben, die bisher nicht erwähnt wurden, Parthenogenese beobachtet oder wenigstens vermuthet worden ist. So wird sie bei einigen Copepoden von Aurivillius (1886) als möglich erachtet, für einen Tausendfuss (*Geophilus proximus*) von Sograff (1882) aus dem leer befundenen receptaculum seminis geschlossen und aus letzterem Grunde von Henking (1883) auch bei *Trombidium fuliginosum*. Henking hatte beobachtet, dass einige Weibchen dieser Milbe sich ihrer sämmtlichen Eivorräthe entledigt hatten, aber nach vier bis sechs Wochen abermals entwicklungsfähige Eier legten, und dabei kein Sperma mehr in der Samentasche enthielten. Für gewisse

---

[1] Fischer v. Waldheim, Notice sur une espèce de Branchipus. in: Bull. Soc. d. Natural. d. Moscou. T. 7. 1834. p. 452.

[2] Rathke, Heinr., Zur Fauna der Krym. in: Mém. Acad. imp. St. Pétersbourg. T. 3. 1836. p. 105.

[3] Fischer, Seb., in: Middendorf's Reise. Zoologie. Branchiopoda u. Entomostraca. p. 9. Tab. VII. fig. 29, 30.

[4] Für eine australische Art, *Limnadia Stanleyana*, hat 1872 Claus das Männchen nachgewiesen. (Ueber den Körperbau einer australischen *Limnadia* und über das Männchen derselben, in: Ztschr. f. wiss. Zool. Bd. XXIII. 1872. p. 355.) — Die nach verschiedenen Autoren angeblich zu *Limnadia Hermanni* gehörigen Männchen sind anderen Gattungen zuzuweisen. (cfr. Siebold, Beiträge zur Parthenogenesis. 1871. p. 210 u. ff.)

Milben war übrigens schon früher (1882) eine Parthenogenese und auch Pädogenese mitgetheilt worden durch Berlese. Derselbe will sie bei *Gamasiden* beobachtet haben und zwar unter Verhältnissen, welche auf eine grosse Formenverschiedenheit der zu einer Art gehörigen Glieder schliessen lassen. Es sollen nämlich bei ein und derselben Art neben den normal zweigeschlechtlichen Individuen auch solche vorkommen, die sich ohne Männchen und sogar schon im Larvenstadium fortpflanzen. Diese Beobachtungen bedürfen jedenfalls noch der Bestätigung.

Alle bis hierher in Betracht gezogenen Fälle von Parthenogenesis sind bei Gliederfüssler festgestellt worden, und ausser diesem Thierkreise sind auch nur vereinzelte Formen bekannt geworden, welche sich auf die gleiche Weise fortzupflanzen vermögen.

Nach den Untersuchungen von Cohn (1856 und 1858) war es wahrscheinlich geworden, dass bei den *Rotiferen* eine Parthenogenesis vorkommt, indem die Sommereier[1]) meist ohne vorausgegangene Befruchtung zur Entwicklung gelangen sollen. Anfangs deutete Cohn seine Beobachtungen über das seltene und nur zu bestimmten Zeiten bemerkbare Auftreten der Männchen im Sinne eines Generationswechsels und sprach die Sommereier erzeugenden Rotiferen für Ammen, ihre Produckte für Keime an. Umgekehrt hielt Huxley (1857) die Wintereier für geschlechtslose knospenartige Keime, während er für die Sommereier die Nothwendigkeit der Befruchtung postulirte.[2]) Da Cohn von vornherein zwischen der Entwicklung und Organisation von Ammen und Weibchen durchaus keinen Unterschied auffinden konnte, so lag es für ihn nach Bekanntschaft mit der Siebold'schen Schrift über die Parthenogenesis sehr nahe, die letztere Fortpflanzungsweise auch für die sog. Ammen der Räderthierchen anzunehmen (1858.)[3]) Die späteren Untersuchungen von Joliet (1883), Plate (1884 u. 1885) und Maupas (1889 u. 1890) haben die Parthenogenesis bei den Räderthieren bestätigt. Nach Plate soll die Bildung der beiden verschiedenen Eiarten von der Befruchtung oder deren Ausbleiben unabhängig sein, während Maupas der Annahme Cohn's zum Rechte verhilft, dass die Wintereier der Befruchtung bedürfen. Diesem ausgezeichneten französischen Forscher ist bei verschiedenen Räderthier-Arten, namentlich bei *Hydatina senta*, die Aufzucht zahlreicher männerloser

---

[1]) Bei *Conochilus volvox* konnte für die Parthenogenese der Sommereier allerdings kein entscheidendes Moment beigebracht werden (1863).

[2]) Später hat Huxley gegenüber Cohn auf seinen Angaben nicht beharrt. (Grundzüge d. Anat. d. wirbellosen Thiere. Uebers. v. J. W. Spengel. Leipz. 1878. p. 170.)

[3]) Dies war übrigens bereits von Leuckart (1856) in den Nachträgen und Berichtigungen zu v. d. Hoeven's Zoologie (Holländische Uebersetzung p. 117) und in seiner Schrift über den Generationswechsel und die Parthenogenesis geschehen.

Generationen, im ausgiebigsten Falle 45 solcher, geglückt. Von Weismann und Ischikawa ist durch die Beobachtung nur eines Richtungskörpers bei *Callidina bidens* die parthenogenetische Fortpflanzung ebenfalls wahrscheinlich gemacht worden. Nach den neuesten von Daday (1890) herrührenden Beobachtungen an einem Räderthiere (*Asplanchna Sieboldii*) kommt hier nicht nur gelegentlich jungfräuliche Zeugung vor, sondern innerhalb eines heterogonetischen Entwicklungscyklus und unter Dimorphismus der Weibchen. Die Räderthierchen sind übrigens nicht die einzigen Vertreter des vielgestaltigen „Typus" der Würmer geblieben, bei denen die Fortpflanzung weiblicher Thiere durch unbefruchtete Eier zur Beobachtung gekommen ist. Maupas berichtet (1889), dass er *Chaetogaster diastrophus* durch 45 Generationen gezüchtet hat, ohne dass nur eine geschlechtliche dazwischen aufgetreten wäre. Schon 1878 wurde durch Whitman für eine andere Annelidenform, für *Clepsine*, auf die Möglichkeit parthenogenetischer Entwicklung hingewiesen. „Von der Zeit des Auskriechens bis zur Geschlechtsreife isolirt gehaltene Individuen produciren Eier, welche sich in der normalen Weise entwickeln (selbstbefruchtet oder parthenogenetisch.)" In einer ausführlicheren Arbeit über die Entwicklung dieser Hirudinee neigt unser Forscher allerdings mehr zu der Annahme hin, dass es sich um eine Selbstbefruchtung handeln möge. (pag. 9.)

Auch unter den *Echinodermen* ist Parthenogenese festgestellt worden und zwar zuerst (1876) durch Greeff, welcher einzelne Eier von *Asteracanthion rubens* ohne Befruchtung sich entwickeln sah und sogar schneller als unter normalen Verhältnissen.[*]) Jahrelang blieben diese Beobachtungen isolirt, denn weder Hertwig noch Fol gelang es, dieselben zu wiederholen. Aber neuerdings (1890) hat der erstere dieser beiden Zoologen in Triest jene Untersuchungen mit besserem Erfolge wieder aufgenommen, und bei *Asterias glacialis* und *Asteropecten* die Entwicklung unbefruchteter Eier beobachtet. Dieselbe schreitet übrigens nur bis zum Blastula-Stadium fort. Dadurch werden wir auch noch an einige andere Fälle erinnert, in welchen parthenogenetische Entwicklung keineswegs bis zur Ausbildung eines geschlechtsreifen Thieres führt. Wie schon bei früherer Gelegenheit bemerkt wurde, machen die Eier mancher Schmetterlinge, wie die des Maulbeerspinners, nur die Furchung durch und sterben dann ab; und eine solche Einleitung zur Entwicklung hat sogar bei mehreren Wirbelthiereiern constatirt werden können. Schon 1853 berichtet Leuckart von einigen Beobachtungen an Froscheiern und er-

---

[*]) Etwas Aehnliches berichtet Pringsheim (Berlin. Monatsber. f. 1873. p. 484—485) für die ohne Befruchtung zu Stande gekommene Oospore der *Saprolegniaceen*.

wähnt dabei (pag. 958), dass auch Aehnliches von Bischoff[1]) bei einer Sau, von Vogt[2]) bei der Schneckengattung *Firola* gefunden ist. Leuckart parallelisirt auch bereits damals derartige Erscheinungen mit denjenigen, welche einige Jahre später unter die Ueberschrift Parthenogenesis gestellt wurden. Später (1872) hat Oellacher[3]) am Hühnerei einen spontanen Beginn der Furchung kennen gelernt, und Hensen[4]) fand (1869), dass das Kaninchenei in einem abgeschnürten Eileiter nicht zu Grunde geht, ohne Spuren von Theilungsvorgängen zu zeigen. Diese Beispiele sind von entschiedenem Interesse, denn sie zeigen uns, dass das thierische Ei in vielen Fällen vielleicht viel häufiger, als wir es bis hierher ahnen, dem Triebe zur Entwicklung folgt, auch ohne durch das Samenelement dazu angeregt zu sein.[5]) Dass diese Entwicklung auf einer sehr frühen Stufe bereits wieder erlöscht, ist eine Sache für sich; jedenfalls müssen wir hier den Anfang von denjenigen Erscheinungen erblicken, die in verschiedener Abstufung zur typischen Form parthenogenetischer Fortpflanzung hinleiten.

Eine besondere Form jungfräulicher Zeugung wurde 1864 durch C. E. v. Baer unter dem Namen der *Pädogenesis* in die Wissenschaft eingeführt. Dies geschah in einem amtlichen Gutachten, welches, in russischer Sprache abgefasst, für Nic. Wagner den Demidow'schen Preis in Vorschlag bringt. Der genannte Forscher hatte nämlich 1862 die Entdeckung gemacht, dass gewisse Mückenlarven fortpflanzungsfähig sind, indem sie lebende Larven in sich erzeugen und zwar, wie Wagner annahm, aus dem Fettkörper. Mit dem Freiwerden der Brut geht die Mutterlarve zu Grunde.[6]) Diese Entdeckung, welche einem alten Erfahrungssatze, wonach nur ausgebildete Thiere fortpflanzungsfähig sind, ins Gesicht schlug, erregte natürlich viel Aufsehen und mancherlei Anzweifelungen. Siebold liess sich erst nach mündlicher Mittheilung Filippi's, welcher sich in Kasan von dem Sachverhalt

---

[1]) Bischoff, Th. Ludw. Wilh., Recherches sur la maturation et la chute périodique de l'oeuf de l'homme et des mammifères. (Avec 6 Pl.) in: Ann. Sc. nat. 3. Sér. Zool. T. 2. 1844. (p. 104—162) p. 135.

[2]) Vogt, Carl, Bilder aus dem Thierleben. 1852. p. 216—218.

[3]) Oellacher, in: Ztschr. f. wiss. Zool. 26. Bd. 1872. p. 181—234.

[4]) Hensen in: Medic. Centralblatt. 7. Jhg. 1869. p. 403—404.

[5]) Carl Vogt (l. c. p. 218) braucht einen Vergleich, den wir hier wiedergeben möchten: „Ein befruchtetes Ei verhält sich zu einem unbefruchteten Ei wie der Pendel einer aufgezogenen Uhr zu einem einfachen Pendel, letzterer schwingt allmählich aus, während ersterer durch die Feder in Bewegung erhalten wird."

[6]) C. G. Carus (Leopoldina. V. 1865 66. p. 95) spricht sein Bedenken aus über die Zerstörung des mütterlichen Organismus beim Freiwerden der Brut und vermuthet einen (bisher übersehenen) Ausführungsgang.

selbst überzeugt hatte, dazu bestimmen, eine darauf bezügliche Abhandlung Wagner's in seiner Zeitschrift (1863) abzudrucken. Der erste, welcher öffentlich für Wagner eintrat, war C. E. v. Baer im Bulletin der Petersburger Akademie (1863), worin er nach eigenen Untersuchungen — das Material dazu war ihm aus Kasan zugesandt worden — die Richtigkeit der Wagner'schen Entdeckung bestätigen konnte. Aber auch von anderer Seite bekam die neue Lehre neue Stützen: zuerst durch Meinert (1864) in Kopenhagen, welcher dieselbe *Cecidomyien*-Art, wie Wagner, vor sich gehabt zu haben meint und dafür den Namen *Miastor metraloas* in Vorschlag bringt; sodann in demselben Jahre noch durch Pagenstecher, welcher seine Untersuchungen an einer anderen, in Pressrückständen von Runkelrüben gefundenen, aber nicht näher bestimmten *Cecidomyien*-Art angestellt hat. In einem wichtigen Punkte weicht letzterer von Wagner ab, indem er nämlich als Bildungsstätte der jungen Brut nicht den Fettkörper, sondern wirkliche Eier, welche er an verschiedenen Stellen des Leibes aufgefunden hat, in Anspruch nimmt. Diese Beobachtungen sind dann auch an einer anderen Art durch Ganin[1]) (1865) bestätigt und erweitert, indem derselbe einen parigen Eierstock als Organ für die Ausbildung der Larvenbrut nachwies. Dasselbe geschah in der gleichen Zeit durch Leuckart[2]) in Giessen, nur dass hier statt von einem „Eierstocke" von Keimstöcken gesprochen wird. Dieselben zerfallen in eine Anzahl frei in der Leibeshöhle liegende Ballen, in welchen das morphologische Aequivalent eines Keimfaches aus den Eiröhren der weiblichen Insekten zu erkennen ist.

Schliesslich wurde eine Pädogenesis durch Grimm (1870) auch bei einer *Chironomus*-Art beobachtet. Hier ist es aber nicht die Larve, welche sich fortpflanzt, sondern die Puppe und nicht durch Lebendiggebären von Larven, sondern durch Eier, welche in eine gallertartige Masse eingebettet aus besonderen Oeffnungen des vorletzten Bauchsegments abgelegt werden. Grimm fand auch, dass die der ausgebildeten Mücke vor der Befruchtung entnommenen Eier entwicklungsfähig sind. Ganz neuerdings (1885) ist dieselbe Mückengattung (*Chironomus Grimmii*) Gegenstand der Untersuchung für Anton Schneider gewesen. Danach ist es nicht die

---

[1]) Die zuerst russisch veröffentlichten Mittheilungen Ganin's sind von C. E. v. Baer in einem sehr genauen Auszuge im Bulletin der Petersburger Akademie einem grösseren Leserkreise zugänglich gemacht, worauf auch Ganin selbst einen deutsch geschriebenen Aufsatz in der Zeitschrift f. wiss. Zool. veröffentlichte (1865).

[2]) Metschnikow, welcher damals bei Leuckart arbeitete, hat die hauptsächlichsten Resultate der Untersuchungen brieflich nach Russland mitgetheilt, wo sie durch Kessler zum Abdruck gelangt sind in der russischen Zeitschrift Naturalist 1865. Nr. 8.

Puppe, sondern die derselben entschlüpfte Imago,[1]) welche sich durch unbefruchtete Eier fortpflanzt. Wenn wir dies Resultat mit der eben mitgetheilten Beobachtung Grimm's vergleichen, so kommen wir vielleicht zu der Ueberzeugung, dass der Puppe wie der Imago die gleiche Fortpflanzungsfähigkeit eigen ist, und wir würden dann einen direkten Uebergang der Pädogenesis in die Parthenogenesis vor uns haben — oder wohl richtiger das umgekehrte Verhältniss, indem wir annehmen möchten, dass die ursprünglich von fertigen Thieren erworbene Fähigkeit der Fortpflanzung durch unbefruchtete Eier sich allmählich auf ein früheres Entwicklungsstadium übertragen hat. Von diesem Gesichtspunkte lässt es sich auch verstehen, wie Grobben (1879) dargelegt hat, dass bei manchen parthenogenetisch sich entwickelnden Thieren eine ausserordentlich frühzeitige Anlage der Geschlechtsorgane während der Embryonalentwicklung zur Beobachtung kommt. Dies ist von Metschnikoff[2]) bei *Aphis* und *Miastor*, von Grobben bei *Moina* festgestellt, bei welch letzterer Art bereits im fünften Furchungsstadium eine Differenzirung der Genitalanlage eintritt. Auf dieser Tendenz, die Geschlechtsorgane sehr frühzeitig zur Ausbildung zu bringen, beruht es auch, dass bei *Aphis* noch während des Embryonallebens die Entwicklung der Enkel-Generation eingeleitet wird, dass bei *Evadne*, wie Claus gefunden hat, die Embryonen „schon vor der Geburt trächtig" sind, und dass bei *Gyrodactylus* mehrere Generationen in einander eingeschachtelt sind. Die Fortpflanzungsfähigkeit von Larven ist nur ein weiterer Schritt auf diesem Wege der frühzeitigen Emancipation der Geschlechtszellen und damit die Pädogenese eine Consequenz des nach Erlangung der Parthenogenesis vererbten Bestrebens, die Eier frühzeitig zur Reife zu bringen.

Wie die Entwicklung der Blattläuse früher als Generationswechsel angesehen wurde, und erst nach Kenntniss der gleichen Vorgänge bei verwandten Pflanzenläusen in einem anderen Lichte erschien, so hat sich endlich auch für den Entwicklungsgang der digenetischen Trematoden in neuester Zeit eine andere Auffassung geltend gemacht. Auch hierin erkannte man bekanntlich seit Steenstrup[4]) einen Generations-

---

[1]) Wegen der Seltenheit der Männchen vermuthet Beijerink (1885) auch bei einer anderen Mückenart *(Cecidomyia poae)* Parthenogenesis.
[2]) Mecznikoff, Elias, Embryologische Studien an Insekten, in: Ztschr. f. wiss. Zool. Bd. XVI. Hft. 4. 1866. p. 389—500.
[3]) Claus, C., Zur Kenntniss des Baues und der Organisation der Polyphemiden in: Denkschr. Akad. Wiss. Wien. 37. Bd. 1877.
[4]) Ueber die historische Entwicklung unserer Kenntnisse von der Trematoden-Entwicklung vor Steenstrup giebt Leuckart (Menschliche Parasiten. 1. Bd. 1863. p. 488 u. ff. — 2. Aufl. 1886. p. 78 u. ff.) ausführliche Mittheilungen.

wechsel und nannte die Ammengeneration je nach der Beschaffenheit der inneren Organe *Sporocysten* oder *Redien*, die Gebilde aber, aus welchen sich innerhalb derselben eine neue Brut, die der *Cercarien*, entwickelt, ebenso wie die Fortpflanzungskörper der Blattläuse „Keimkörner" oder „Keimzellen".

„Die Keimkörner sind, gleich den Eiern, isolirte Massenaggregate" — so schreibt 1853 Leuckart in seinem Artikel „Zeugung" (pag. 966) — „die im Innern des mütterlichen Körpers gebildet werden oder in ein neues Thier sich umwandeln." Und von denjenigen der *Trematoden* — damals wurden die *Aphiden* bekanntlich noch unter demselben Gesichtspunkte betrachtet — heisst es dann, dass sie als einfache Zellen erscheinen, die sich ohne Unterbrechung durch eine fortlaufende Reihe von Veränderungen in das neue Thier umwandeln. „Die ersten Schritte dieser weiteren Entwicklung manifestiren sich, wie in den befruchteten Eiern, durch die Bildung der Embryonalzellen." Und in einer Anmerkung wird noch besonders auf die Uebereinstimmung dieser Entwicklungsvorgänge mit dem Furchungsprozess des befruchteten Eies hingewiesen und die einzige Verschiedenheit darin erkannt, dass in den Eiern die Bildung der Embryonalzellen erst nach der Einwirkung der Samenkörperchen, zu einer Zeit, in der dieselben schon alles Bildungsmaterial enthalten, beginnt, während bei den Keimzellen, die keiner Befruchtung bedürfen, die Production der Embryonalzellen parallel mit der Vergrösserung des Bildungsmaterials geht. Auf dieselben Differenzen macht Leuckart auch später noch (1858) aufmerksam und hält sie für ausreichend, um die Entwicklung der *Aphiden* nach wie vor als Generationswechsel in Anspruch zu nehmen.[1]) Was uns hier besonders interessirt, ist der Hinweis auf die nahen Beziehungen in der Entwicklung dieser Insekten mit den *Trematoden*. Leuckart fährt (l. c. pag. 21) folgendermassen fort: „Die hier hervorgehobenen Eigenthümlichkeiten der von den viviparen *Aphiden* producirten Keimzellen sind nun aber genau dieselben, die wir als charakteristisch für eine gewisse Form der ungeschlechtlichen Fortpflanzungsproducte, die Sporen oder Keimkörner zu betrachten pflegen. Auf dieselbe Weise, wie die jungen *Aphiden* in der Keimröhre ihrer Mutter, entstehen auch die jungen *Trematoden* in der Leibeshöhle der sog. *Sporocysten* oder *Redien* durch Entwicklung einer ursprünglich einfachen Zelle; mit demselben Recht, mit dem wir diesen letzten Vorgang als eine ungeschlechtliche Vermehrung betrachten und von der geschlechtlichen, durch Eier vermittelten Fortpflanzung unterscheiden,

---

[1]) Dass er später nach dem Vorgange anderer Forscher, namentlich von Claus, von dieser Auffassung zurückgekommen ist, haben wir früher hervorzuheben Gelegenheit gehabt.

mit ganz demselben Recht dürfen wir auch die Entwickelung der Embryonen in den Keimstöcken der viviparen *Aphiden* in solcher Weise auffassen."

Ich habe diese Ausführung Leuckart's darum wörtlich angezogen, weil es danach fast unbegreiflich erscheint, dass man so lange Zeit hindurch gezögert hat, die *Trematoden*-Entwicklung als etwas anderes denn einen Generationswechsel anzusehen. Nachdem man in der Fortpflanzung der *Aphiden* eine Parthenogenesis erkannt hatte und nachdem die eigenthümlichen Vorgänge der Pädogenese ausser Zweifel gestellt waren, hätte es doch wahrlich nahe gelegen, den obigen Schlusssatz Leuckart's umzukehren und zu sagen, mit demselben Rechte, mit dem wir die viviparen *Aphiden* als parthenogenesirende Weibchen betrachten und von den durch befruchtete Eier erzeugten dem Wesen nach nicht unterscheiden, mit ganz demselben Rechte dürfen wir auch in der Entstehung der *Cercarien* fernerhin keine ungeschlechtliche Fortpflanzung mehr erkennen. Statt dessen hat man sich nach wie vor mit dem nichtssagenden Worte „Keimkörner", in denen man vielfach eine innere Knospung[1]) erkennen zu müssen glaubte, herumgequält und die Fortpflanzung dieser Saugwürmer als Generationswechsel gedeutet; ja man hat völlig vergessen, dass Leuckart bereits 1853 die Einzelligkeit der Gebilde, aus welchen die *Cercarien* hervorgehen, betont hat. Er selbst nimmt später (1863) in seinem bekannten Parasitenwerke eine etwas schüchterne Stellung zu der Frage nach der Abstammung der „Keimballen" ein[2]). Er ist zwar davon überzeugt, dass dieselben von Zellen der peripherischen Körperwand der *Sporocysten* abstammen, glaubt auch gesehen zu haben, dass sich diese Zellen nicht erst dann aus der Continuität der benachbarten ablösen, wenn sie zu „Zellenballen" herangewachsen sind — denn er fand zwischen den verschiedenen Ballen im Leibesraume auch einzelne Zellen, sie sich sowohl durch Uebergänge zu jenen Keimen verfolgen liessen als mit denjenigen der Wandung ziemlich übereinstimmten — doch er „will nur geringes Gewicht darauf legen, dass ihm die Entwicklungsgeschichte der *Cercaria armata* in letzter Instanz an Zellen anzuknüpfen schien, die sich von den peripherischen Zellen des mütterlichen Körpers kaum direkt ableiten liessen." Haeckel (1866) rechnet die *Cercarien*-Entwicklung zur „fortschreitenden Keimknospenbildung" (pag. 53), bei welcher ein „Plastidencomplex" der Ausgangspunkt der Entwicklung ist. Gegen diese Auffassung tritt bereits (1875) H. Nitsche auf, weil die *Cercarien*-Entwicklung „nach der Untersuchung von Guido

---
[1]) cfr. Huxley, Grundzüge d. Anat. d. wirbellosen Thiere (1878) p. 182.
[2]) Erst in der 2. Aufl. seines Parasitenwerkes (1. Bd. 4. Lfg. p. 121) nimmt er wieder Bezug auf seinen Artikel „Zeugung".

Wagener, Metschnikoff und mir (an *Cercaria armata* aus *Limnaeus stagnalis*, noch nicht publizirt[1]) gar nicht durch polyplastische Keime vor sich geht, sondern anknüpft an eine Zelle der Auskleidung der Leibeshöhle der Ammen." Hier wird also eine ganz neue Beobachtung hervorgehoben, während die Thatsache bereits 1853 in Wagner's Wörterbuche der Physiologie verzeichnet ist. Nitsche hatte übrigens schon damals im Grunde dieselbe Anschauung von der *Trematoden*-Entwicklung, die wir jetzt haben, trotzdem er sie, wie aus dem Worte „Amme" hervorgeht, noch als Generationswechsel anspricht. „Die Entwicklung einer *Cercarie* aus dem unbefruchteten Ei (früheren Spore) — so lesen wir da pag. 92 — geht nach genau denselben Gesetzen der Zellentheilung (Furchung) und der concentrischen Schichtenbildung vor sich, wie die Entwicklung irgend eines beliebigen anderen Thieres aus einem befruchteten Ei." Wie Nitsche die früheren Mittheilungen Leuckart's nicht in Erinnerung hatte, so scheinen auch seine eigenen, aus denen er freilich die letzten Consequenzen, so nahe sie lagen, selbst nicht zog, unbekannt geblieben zu sein. Denn es war Grobben (1879) vorbehalten das entscheidende Wort zu sprechen: „Ich glaube deshalb auch, dass die *Cercarien* in den Redien und Sporocysten aus parthenogenetisch sich entwickelnden Eiern hervorgehen. — Damit hört aber der Entwicklungsgang der Trematoden auf, Generationswechsel zu sein, sondern wird zur Heterogonie gestellt werden müssen." Grobben hat diese Ansicht später (1882) wiederholt und nach eigenen Untersuchungen die Ueberzeugung gewonnen, dass bei gewissen Redien aus *Lymnaeus stagnalis* eine als Ovarium zu deutende Anhäufung grosser eiähnlicher Zellen der Entstehungsort der *Cercarien*-Keime ist. Nicht anders steht nun auch oder richtiger auch wieder Leuckart (1881)[2] der Sache gegenüber, als er von der Entwicklung des Leberegels handelt und dabei die von ihm als geschlechtsreif gewordene *Trematoden*-Larven aufgefassten *Orthonectiden* in Parallele zieht. „In überzeugender Weise — so heisst es da — belehrt uns diese Zusammenstellung der *Orthonectiden* mit *Distomumembryonen* weiter aber davon, dass die Keimzellen der letzteren nur mit Unrecht als Gebilde betrachtet werden, welche prinzipiell von den weiblichen Geschlechtsproducten verschieden sind. Wenn wir sie trotzdem nach wie vor von letzteren unterscheiden, dann geschieht dies mehr aus Opportunitäts-

---

[1]) Nie publicirt.

[2]) Man vergleiche auch die Darstellung, welche Leuckart in der 2. Aufl. seines Parasitenwerkes (1889) von der Entstehung der Cercarien und Redien in den Sporocysten gibt (p. 121 u. ff.) — Für Leuckart bleibt übrigens die gesammte Trematoden-Entwickelung ein Generationswechsel im gewöhnlichen Sinne des Wortes (ebd. p. 172).

gründen, als in der Absicht, sie damit als morphologisch selbständige Bildungen zu kennzeichnen" (pag. 96.) Damit stimmen denn auch die Resultate überein, zu welchen W. Schwarze (1885) bei seinen Untersuchungen der postembryonalen Entwicklung der Trematoden gelangt ist, indem er als Entwicklungsstätte der *Cercarien* ein „Keimlager" auffand (pag. 48) und eine Homologie in der Ausbildung der ersteren mit der Entwicklung des Embryo nachweisen konnte (pag. 63.) Wir haben es also auch bei den *Trematoden*, wie es früher schon für die Pflanzenläuse anerkannt werden musste, mit einer auf dem Wege der Parthenogenesis, oder genauer gesagt Pädogenesis, sich fortpflanzenden Zwischengeneration zu thun und müssen den ganzen Entwicklungscyklus dieser Würmer als *Heterogonie*[1]) bezeichnen, wenn wir es nicht vorziehen wollen, wie es Leuckart in seinen Vorlesungen zu thun pflegt, diesen Namen auf den Wechsel zweier, je aus befruchteten Eiern hervorgehenden Generationen zu beschränken, und für den Wechsel einer zweigeschlechtlichen mit einer parthenogenesirenden Generation die besondere Bezeichnung der *Alloiogenesis* einzuführen.

Grobben (1879) hält übrigens auch die Entstehung der eingeschachtelten Generationen bei *Gyrodactylus* für eine Parthenogenese — bestimmter ausgedrückt für eine Pädogenese, denn es würde sich um die Entwicklung von Eiern im jugendlichen Zustande handeln. Bis zu einem gewissen Grade ist eine solche Ansicht schon vor Grobben ausgesprochen; denn Nitsche (1875) sagt (pag. 89—90): „Auch die Bildung des Tochterindividuums von *Gyrodactylus* geht ursprünglich aus von einer Zelle, der Eizelle, während die Bildung der späteren eingeschachtelten Sprösslinge ganz einfach als ein Theilungsvorgang angesehen werden kann." Der letztere fällt in ein sehr frühes Lebensalter, nämlich in das Morulastadium und verläuft concentrisch. „Wir können diese Fortpflanzung als eine pädogenetische Fortpflanzung durch Theilung mit gleichzeitiger Einschachtelung der Individuen in einander ansehen."

Die Ausdrucksweise „pädogenetische Fortpflanzung durch Theilung" giebt mir Veranlassung zu einem Exkurse über das, was man unter Pädogenesis zu verstehen hat: denn dieser Begriff steht keineswegs so fest, wie es nach unseren bisherigen Betrachtungen scheinen könnte, sondern wird von den verschiedenen Autoren in sehr ungleicher Weise aufgefasst. Ich sagte oben: „eine besondere Form jungfräulicher Zeugung wurde 1864 durch C. E. v. Baer unter dem Namen der Pädogenesis in die Wissenschaft eingeführt". Damit habe ich, streng genommen, eine

---

[1]) So ist es bereits in allen neuen Lehrbüchern der Zoologie durchgeführt (Hatschek, Boas, Claus, Hertwig).

subjektive, wenn auch durchaus nicht von mir allein vertretene Ansicht von dem, was Pädogenese sei, mit der Baer'schen Auffassung vermengt, oder anders ausgedrückt, ich habe den speziellen Fall, für welchen Baer zunächst die neue Bezeichnung einführte, charakterisirt. Denn die Baer'sche Definition lautet keineswegs "Pädogenesis ist Parthenogenesis im Jugendalter", sondern es heisst da sogar, dass die Fortpflanzung der *Cecidomyien*-Larven von Parthenogenesis auffallend verschieden sei; denn sie zeigt sich in ganz unentwickelten und gar nicht befruchtungsfähigen jungen Thieren. "Ich habe deshalb . . . vorgeschlagen, diese Vermehrungsform Pädogenesis zu nennen." "Vorläufig soll sie nur eine Differenz von der Parthenogenesis anzeigen, da jene das Hervorgehen eines neuen Individuums aus einem unreifen und diese aus dem nicht befruchteten Ei eines geschlechtsreifen Individuums andeutet." Wenn wir uns an diese Worte unseres grossen Forschers halten, so glaube ich, dass wir das, was derselbe mit einem besonderen Namen hat belegen wollen, von unserem heutigen Standpunkte aus in der obigen Weise definiren dürfen. Nun hat aber Baer selbst am Schlusse des Aufsatzes, welchem die angeführten Sätze entnommen sind, den Begriff der Pädogenese in der hier angedeuteten Beschränktheit aufgegeben und gesagt (pag. 305): "Wir schlagen vor, die Fortpflanzung im unreifen Zustande Pädogenesis zu nennen". Das hat Chun (1892) in seiner Arbeit über Dissogonie übersehen, wenn er sagt: "Nach meiner Ansicht haben wir uns bei Begriffsbestimmungen über Vorgänge im Zeugungsleben der Thiere in erster Linie an die Definitionen der Autoren zu halten". Wenn man dieser Meinung im allgemeinen gewiss nur beipflichten kann, so möchte ich dies in Anbetracht des gegebenen Falles lieber so ausdrücken: wir haben uns in erster Linie an diejenigen Beobachtungsfälle zu halten, durch welche die Autoren veranlasst wurden, eine besondere Bezeichnung einzuführen. Dann gelangen wir in der That zu der oben aufgestellten Definition der Pädogenesis, und ich glaube mich darin mit Chun vollständig einig zu wissen; denn seine obige Bemerkung richtet sich gerade gegen die Begriffsverwirrung, welche durch eine andere Auffassung der Pädogenese herbeigeführt ist. Den ersten Anstoss dazu hat aber — es lässt sich nicht leugnen — C. E. v. Baer selbst gegeben. Denn man darf nicht etwa meinen, dass er bei dem angeführten Vorschlage, diejenige Fortpflanzung im Auge gehabt habe, welche bei den *Cecidomyien*-Larven zur Beobachtung kommt und von welcher allein in seiner Abhandlung die Rede ist. Man könnte zu dieser Vermuthung kommen, wenn man obigen Satz ausserhalb des Zusammenhanges liest. Dort aber heisst es weiter: "Sie (die Pädogenesis nämlich) kann in sehr verschiedenen Perioden des Entwicklungsganges auftreten, und zeigt sich unter sehr verschiedenen Formen, fängt auch entweder den Entwicklungsgang jedesmal ganz von vorn an, oder sie setzt ihn fort. Theilung, Sprossung und Keime kommen hier ebenso gut vor, wie bei solchen Organismen, denen eine geschlechtliche Zeugung fehlt, oder sehr seltene Ausnahme ist." So ist es denn sehr erklärlich, dass auch von anderer Seite unter Pädogenese ganz im allgemeinen eine Fortpflanzung im nicht abgeschlossenen individuellen Leben eines Thieres verstanden worden ist! Kein geringerer als Siebold spricht von Pädogenesis bei den *Strepsipteren* und weist dabei ausdrücklich auf die von Baer selbst vorgeschlagene Erweiterung dieses Begriffes hin. Die Weibchen der genannten Insektengruppe haben einen ganz larvenartigen Entwicklungszustand, sie werden von Siebold geradezu als Larven angesprochen, und so lag es nahe, bei ihrer Fortpflanzung an Pädogenese zu denken. Uebrigens ist Siebold auch geneigt, anzunehmen, dass bei denselben wirklich Entwicklung aus unbefruchteten Eiern vorkommt; erwiesen ist eine solche allerdings bis zum heutigen Tage nicht.

Doch Siebold ist nicht der einzige geblieben, der von Pädogenesis im Sinne der Fortpflanzung in einer frühzeitigen Lebensperiode spricht. In der vorher erwähnten Auffassung Nitsche's von der Entstehung der „Enkel" und „Urenkel" des *Gyrodactylus* handelt es sich um „pädogenetische Fortpflanzung durch Theilung". Am weitesten aber gehen die Consequenzen, welche Seidlitz (1872) daraus gezogen hat. Er stellt der Fortpflanzung im unreifen Lebensalter: Pädogenesis, die Fortpflanzung im Reifezustande als Orthogenesis gegenüber und benutzt diesen Dualismus als oberstes Eintheilungsprinzip innerhalb der vier Arten der Fortpflanzung, die als Theilung, Knospung, Sporenbildung und Eibildung (letztere beiden zusammen auch als Keimbildung) bezeichnet werden. „Baer hat die Benennung Pädogenesis auf jede Fortpflanzung vor erreichter Formvollendung angewandt." — So heisst es bei Seidlitz (pag. 7). — „Dieselbe zeigt sich einmal an Individuen, die einer individuellen Formentwicklung, einer direkten Erreichung der definitiven Formvollendung entgegensehen (Larven), dann aber auch an solchen, denen eine individuelle Entwicklung nicht weiter bevorsteht, und die daher die definitive Formvollendung der Art nicht direkt, sondern nur in ihren Kindern erreichen können (Ammen). Es scheint zweckmässig, diese beiden Fortpflanzungserscheinungen nicht unter einem Namen zu vereinigen; indem wir daher die Benennung Pädogenesis[1]) auf die ersten, die Larvenvermehrung, beschränken, mag die zweite, die Ammenerzeugung, als Trophogenesis bezeichnet

---

[1]) Seidlitz gebraucht demnach die Bezeichnung Pädogenesis wieder in doppeltem Sinne.

werden." So kommt es denn, dass wir innerhalb der Pädogenesis vereinigt finden die Fortpflanzungsarten von *Tubularien* (durch Theilung des Eies), von *Gyrodactylus* und von *Bryozoen* (durch Knospung am Embryo), von viviparen *Aphiden* und von *Cecidomyia*-Larven (durch Sporenbildung), vom Axolotl und Alpensalamander (durch geschlechtliche und zwar „gynäkogenetische" Fortpflanzung), von den *Chermes*-Arten (durch „pädogenetische Parthenogenesis" — müsste consequenter Weise wenigstens parthenogenetische Pädogenesis heissen). In demselben Sinne, wie Seidlitz, fasst auch Dilling (1880) die Pädogenesis auf, welche er, da er acht Jahre später darüber schreibt, durch weitere Beispiele bereichern konnte, u. a. auch durch die Beobachtungen Chun's an *Cydippe*. Dieser Forscher hat allerdings in seiner ersten Mittheilung (1879) über geschlechtsreife Larven von *Eucharis* von einer Pädogenesis gesprochen (pag. 201). In seiner ausführlichen Darstellung dieser Verhältnisse[1]) vergleicht er den Entwicklungsgang mit dem von *Ascaris nigrovenosa* und bezeichnet ihn als Heterogonie (pag. 145), und in seiner neuesten Abhandlung (1892), die unserem gemeinsamen Lehrer gewidmet ist, führt er den Namen Dissogonie ein für die „Geschlechtsreife eines und desselben Individuums in zwei verschiedenen Formzuständen, zwischen welche eine mit Rückbildung der Geschlechtsproducte verbundene Metamorphose sich einschaltet" (pag. 77). Bei dieser Gelegenheit nun ist es, wo Chun mit Recht auf den Missbrauch des Begriffes Pädogenesis hinweist. Er polemisirt dabei übrigens nicht gegen Seidlitz, sondern gegen Hamann, welcher in der Ausdehnung dieses Begriffes das Maass des denkbar Möglichen erreicht, indem er nicht nur die Erscheinungen der geschlechtlichen Frühreife hier unterbringt, sondern Organismen, welche auf einer Stufe geschlechtsreif werden, die für phylogenetisch höher stehende Wesen nur ein Durchgangsstadium vorstellt, als da sind *Archigetes, Echinorhynchus clavaceps*, viele Quallen, *Dinophilus, Orthonectiden* und *Amphioxus* — geradezu als pädagenetische bezeichnet.

Es muss selbstverständlich erscheinen, dass wir so verschiedene Dinge, wie die Fortpflanzung einer *Cecidomyien*-Larve und diejenige der *Amblystoma*-Larven nicht unter derselben Kategorie vereinigen können, sofern damit ein einheitlicher Begriff verknüpft sein soll. Larven sind es zwar beide, um deren Fortpflanzung es sich hier handelt, aber gerade weil der Begriff der Larve ein ausschliesslich physiologischer ist, dem sich die denkbar heterogensten morphologischen Gebilde unterzuordnen haben, darum dürfen wir ihn nicht zum Eintheilungprincip der verschiedenen Fortpflanzungsarten verwerthen; wie man denn längst zu der Ueberzeugung gelangt ist, dass auf

---

[1]) Chun, C., Die Ctenophoren des Golfes von Neapel, in: Fauna und Flora des Golfes von Neapel. 1. Monographie. 1880.

diesem Gebiete überhaupt nur vom morphologischen Standpunkte aus das Zusammengehörige vereinigt, das Verschiedenartige getrennt werden kann. Wenn wir auch heute noch von ungeschlechtlicher Fortpflanzung sprechen, so geschieht es doch in einem etwas anderen Sinne als früher, wo man auf das rein physiologische Moment der Befruchtung den Hauptwerth legte, um die höhere Form dieser beiden Arten von Fortpflanzung zu charakterisiren, und folgerichtig die Parthenogenesis eine ungeschlechtliche Vermehrung nannte. So finden wir es u. a. noch in dem vortrefflichen „Grundzügen der Anatomie der wirbellosen Thiere" von Huxley (1878), welcher für letztere die Bezeichnung *Agamogenesis* gebraucht. Seit Claus (1859) den Nachweis geführt, dass die viviparen *Aphiden* ebenso wie die parthenogenetisch sich fortpflanzenden Individuen bei den *Cladoceren* ächte Weibchen sind, und Weismann (1878) in Uebereinstimmung mit dieser Auffassung den Ausspruch gethan hat, (pag. 162) dass „alle ächte Parthenogenese aus der geschlechtlichen Fortpflanzung abzuleiten und keineswegs eine ungeschlechtliche, vielmehr nur eine eingeschlechtliche Fortpflanzung ist," sollte man diesem Standpunkte ganz allgemein und in bestimmter Form Rechnung tragen. Es dürfte wohl der heutigen Auffassung am besten entsprechen, wenn wir uns über die verschiedenen Arten der Fortpflanzung etwa so auslassen. Man unterscheidet zwei (elterliche) Zeugungsarten: die ungeschlechtliche (Theilung und Knospung), bei welcher der Organismus entweder in seiner Totalität in mehrere Stücke zerfällt (*Protozoa*) oder einen Zellencomplex von sich abschnürt (*Metazoa*), und die geschlechtliche, bei welcher die Neubildung an ein einzelliges Wachsthumsprodukt des sich fortpflanzenden Individuums anknüpft. Dasselbe bedarf in den meisten Fällen der Vereinigung mit einem anderen Wachsthumsprodukte (Befruchtung)[1], kann aber auch für sich allein die Fähigkeit besitzen, ein neues Lebewesen aus sich hervorgehen zu lassen (Parthenogenesis.) Die Parthenogenesis kann nach vollendeter Entwicklung des Individuums auftreten, wie es gewöhnlich geschieht, oder kann sich bereits in einem Stadium vollziehen, welches vor dem Abschlusse der individuellen Entwicklung liegt, in das Larvenleben fällt (Pädogenesis.)

Das Verdienst, zuerst mit aller Entschiedenheit der früheren Eintheilung der Fortpflanzungsarten nach physiologischen Gesichtspunkten vom morphologischen Stand-

---

[1] Seidlitz nennt diese typische Fortpflanzungsart nicht eben passend Gynäkogenesis, während Nitsche (Lehrbuch der mitteleuropäischen Forstinsektenkunde. 1. Abth. 1885. p. 82) dafür den Ausdruck Gamogenesis gebraucht, der von Huxley in etwas anderem Sinne, nämlich im Gegensatze zur ungeschlechtlichen Fortpflanzung (Agamogenesis) angewandt wird. Mit Haeckel würde man von **Amphigonie** zu sprechen haben.

punkte aus entgegengetreten zu sein, gebührt H. Nitsche (1875), dessen Mittheilungen darüber freilich fast allgemein unbekannt geblieben zu sein scheinen. Haeckel hat allerdings in seiner „Generellen Morphologie" (2. Bd. 1866, pag. 37) in einer Note bemerkt, „es könnte passender erscheinen, die beiden Hauptformen der Tokogonie nicht als die geschlechtslose und geschlechtliche Fortpflanzung, sondern die Fortpflanzung durch Abspaltung (Fissio) und durch Absonderung (Secrectio) zu unterscheiden. Für die erstere würde man als das Kriterium entweder die Theilung des Organismus in seiner Totalität oder die Ablösung eines Plastiden-Complexes hinstellen müssen, für die letztere die Ablösung einer einzelnen Plastide", aber selbst hat er diese Auffassung nicht durchgeführt. Nitsche nennt die Fortpflanzung durch Theilung und Knospung, weil sie durch einen Complex von Zellen vermittelt wird — er schliesst die *Protozoen* von seinen Betrachtungen absichtlich aus — multicelluläre Fortpflanzung, weist darauf hin, dass die verschiedenen als „Sporenbildung" zusammengefassten Vermehrungsarten heterogene Dinge sind, die fernerhin nicht mehr unter gemeinsamem Gesichtspunkte vereinigt bleiben können, und betont, dass die geschlechtliche Fortpflanzung darin ihren Hauptcharakter besitzt, dass sie an eine Zelle anknüpft: unicelluläre Fortpflanzung. Jeder einzellige Fortpflanzungskörper, der bei seiner weiteren Entwicklung die Furchung durchmacht, ist als Ei oder Ovulum zu bezeichnen. So schliesst Nitsche sowohl die Entwicklung der *Cercarien*, was bereits früher von uns hervorgehoben wurde, wie die Fortpflanzung der *Cecidomyien*-Larven resp. der *Chironomus*-Puppe und der parthenogenesirenden Weibchen von der ungeschlechtlichen Fortpflanzung aus und vereinigt sie mit der gewöhnlich ausschliesslich als geschlechtlich in Anspruch genommenen Fortpflanzung durch befruchtete Eier. Wenn wir dieses Kriterium festhalten, so brauchen wir die eingebürgerten Bezeichnungen der ungeschlechtlichen und geschlechtlichen Fortpflanzung nicht aufzugeben: denn sie decken sich mit dem, was Nitsche multi- und unicelluläre Fortpflanzung genannt hat.

Zu ähnlicher Auffassung wie Nitsche gelangt auch, ohne den letzteren anzuführen, Grobben (1879). wenn er sagt (pag. 48), dass ein Nachkomme nur auf zweierlei Art entstehen kann: 1. aus den Keimblättern der Mutter und 2. aus einer Zelle. Die Zelle kann aber nur eine Eizelle sein. Darauf hin unterscheidet er (pag. 49) die Fortpflanzung vermittelst der Keimblätter der Mutter: die ungeschlechtliche Fortpflanzung; dahin Theilung und Knospung. 2. Die Fortpflanzung mittelst einer Zelle, resp. unter Zuhilfenahme einer zweiten: die geschlechtliche Fortpflanzung; dahin die eingeschlechtliche Fortpflanzung oder Parthenogenesis und die zweigeschlechtliche Fortpflanzung. „Die Sporogonie wird wahrscheinlich ganz wegfallen."

— 154 —

Unter den neueren Lehrbüchern der Zoologie findet sich der Begriff der geschlechtlichen Fortpflanzung am schärfsten im obigen Sinne gefasst in demjenigen von Boas (pag. 34), welcher den wesentlichen Charakter derselben darin erkennt, dass eine einzige Zelle sich zu einem neuen Individuum entwickelt, gewöhnlich, nachdem dieselbe mit einer anderen Zelle verschmolzen ist; während die Parthenogenesis am trefflichsten definirt wird von R. Hertwig (pag. 110): „Sie ist eine geschlechtliche Fortpflanzung, bei welcher es zu einer Rückbildung der Befruchtung gekommen ist", und „Pädogenese ist Parthenogenesis eines jugendlichen Organismus".

Damit wären wir zum Ausgangspunkte unserer Betrachtungen, zur Pädogenesis zurückgekehrt, und es liegt nahe, die Frage aufzuwerfen, unter welchem Gesichtspunkte man nun jene verschiedenartigen Formen von Fortpflanzung zu betrachten habe, welche von manchen Autoren neben der wirklichen Pädogenese mit dieser vereinigt worden sind. Was Seidlitz Trophogenesis nennt, gehört natürlich zur ungeschlechtlichen Fortpflanzung und bedarf keiner besonderen Bezeichnung; es ist eine Fortpflanzung durch Theilung und Knospung. Die Fälle, in welcher sich frühreife Fortpflanzung zeigt, wie beim *Axolotl* und nach den neueren und neuesten Erfahrungen unter den *Cölenteraten* in ziemlich weiter Verbreitung, vielleicht auch bei gewissen Würmern (*Nereiden*), gehören unter die Kategorie der geschlechtlichen Fortpflanzung durch befruchtete Eier. Um hervorzuheben, dass diese Geschlechtsthätigkeit nicht immer erst nach vollendeter Entwicklung auftritt, sondern bereits im Jugendalter anheben kann, schlage ich vor, die Bezeichnung *Proiogonie* (von προωί und γονεία) einzuführen. Wenn ein und dasselbe Individuum, bei welchem Proiogonie zur Beobachtung kommt, nach Erreichung seiner Formvollendung sich abermals geschlechtlich fortpflanzt, so haben wir es mit dem zu thun, was Chun *Dissogonie* genannt hat. Dieselbe repräsentirt eine Form der Zeugung, bei welcher „die Formenverschiedenheit der geschlechtlich thätigen Zustände an ein und dasselbe Individuum anknüpft." Sehr viel bekannter und allgemeiner verbreitet sind diejenigen Fälle, wo sich die Zeugungsfähigkeit auf verschiedene in gesetzmässigem Cyklus auf einander folgende, zum Theil sehr von einander abweichende Individuen erstreckt. Da es sich dabei stets um den Wechsel mehrerer Generationen innerhalb der Lebensperiode einer Art handelt, so wird man gut thun, ganz allgemein von einem Generationswechsel (nicht im Sinne Steenstrup's) zu sprechen. Derselbe lässt nun wieder verschiedene Abstufungen[1]) erkennen: 1. Mit einer normal bisexuellen Generation wechseln eine

---

[1]) Weismann hat den Versuch gemacht, bei der Unterscheidung der verschiedenen Formen eines Generationscyklus von der geschlechtlichen oder ungeschlechtlichen Fortpflanzung als Eintheilungsprinzip

oder mehrere auf ungeschlechtlichem Wege (durch Knospung oder Theilung) sich fortpflanzende Generationen ab: Generationswechsel im Sinne Steenstrup's oder Metagenesis (Owen's). Die Individuen dieser beiden Generationen können als morphologische Grössen einander etwa gleichwerthig sein (Kettenindividuen und Einzelthiere bei Salpen), oder zu einander im Verhältniss eines höheren zu einem niederen Organismus stehen (Medusen und Polypen). 2. Mit einer normal bisexuellen Generation wechseln eine oder mehrere Generationen ab, die sich ebenfalls auf geschlechtlichem Wege, also durch Eier fortpflanzen: Heterogonie (Leuckart). Diese Eier bedürfen a.) der Befruchtung nicht oder können überhaupt nicht befruchtet werden, letzteres sowohl bei fertig entwickelten Thierformen wie bei Larven-Zuständen. Dadurch entstehen auch hier, wie bei der Metagenese, zwei verschiedene Rangstufen: ebenbürtige Weibchen in beiden Generationen (die Zwischengeneration ist parthenogenetisch), oder ausgebildete Weibchen einerseits und Jugendformen andererseits (die Zwischengeneration ist pädogenetisch.) Ausgebildete Weibchen[1], welche wegen Mangels eines receptaculum siminis nicht befruchtet werden können, bilden den Uebergang zu den Eier

abzusehen, diese Erscheinungen vielmehr ihrem Ausgangspunkte nach in zwei grosse Gruppen zu sondern, von denen die eine als genuine Metagenese, die andere als Heterogonie bezeichnet werden könnte. „Der Ausgangspunkt für die Metagenese ist eine phyletisch ungleichwerthige Formenreihe, für die Heterogonie aber ist es eine Reihe phyletisch gleichwerthiger Formen, soweit wir heute urtheilen können, stets eine Reihe gleichgestalteter Geschlechtsgenerationen." (Saisondimorphismus. 1875. p. 59.) Er hat diesen Standpunkt auch beibehalten (Beiträge zur Naturgeschichte der Daphniden. p. 472—476), nachdem Claus (Grundzüge d. Zoologie. 4. Aufl. 1. Bd. 1880. p. 64 Anm.) darin „eine ziemlich willkürliche und wissenschaftlich unberechtigte Determination" erkannt hatte, „durch welche genetisch Zusammengehöriges getrennt und umgekehrt Verschiedenartiges verbunden wird." Mir scheint der Hauptgrund, weshalb Weismann dem Eintheilungsprinzipe von geschlechtlicher und ungeschlechtlicher Fortpflanzung abhold ist, darin zu liegen, dass er den morphologischen Unterschied, der zwischen beiden besteht, nicht genügend gewürdigt hat. Wenn er die Frage aufwirft (Daphniden p. 473), warum man die Parthenogenese der Aphidenweibchen nicht mehr für Ammenzeugung hält und diese „in gewissem Sinne doch auch ungeschlechtliche Fortpflanzung" jetzt mit zur geschlechtlichen rechne? so würde ich darauf nicht mit Weismann antworten: „wegen ungleicher Genese", sondern: weil die Aphiden sich durch einzellige Fortpflanzungskörper, durch Eier fortpflanzen. Darum ist auch der Begriff der Heterogonie durch Subsumirung der Aphidenentwicklung unter denselben keineswegs „nicht unwesentlich verändert", wie Weismann (p. 475) meint, wohl aber würde dies geschehen, wenn man ihm consequenterweise auch den Generationswechsel der Salpen hier unterbringen wollte, weil bei dieser die Individuen der Zwischengeneration sich durch Zellencomplexe vermehren.

[1] Herbert Spencer (Prinzipien der Biologie. Autorisirte deutsche Ausgabe von Vetter. 1. Bd 1876. p. 232) nennt die Fortpflanzung der Blattläuse *Pseudoparthenogenesis*. Derselbe gebraucht auch den Ausdruck *Heterogenesis* in einem anderen Sinne als es gewöhnlich geschieht, indem er darunter den Wechsel der Generationen in der weiteren Fassung des Begriffes versteht; dem gegenüber ist die gewöhnliche Form der Entwicklung *Homogenesis*.

producirenden Larven. b) Die Eier der Zwischengeneration bedürfen zur Entwicklung der Befruchtung: Heterogonie im engeren Sinne, der gegenüber die vorerwähnte Entwicklung mit Leuckart[1]) Alloiogonie genannt werden kann. Diese mit einander abwechselnden Geschlechtsgenerationen bestehen entweder beide aus Männchen und Weibchen oder die eine davon aus Individuen, die im allgemeinen weiblich erscheinen, aber vor den Eiern Samenelemente zur Reife bringen (*Rhabdonema, Allantonema*).[2]) Von diesem Entwicklungscyklus, dessen Generationen ausserdem durch verschiedene Lebensweise ausgezeichnet sind, indem die eine parasitisch, die andere im Freien auftritt, ist nur ein kleiner Schritt zu jenem anderen, bei welchem sich die beiden Generationen nur in der durch verschiedene Jahreszeiten bedingten Färbung unterscheiden (Saison-Dimorphismus.) Und von dieser Erscheinung wiederum werden wir unschwer zu solchen Generationsfolgen hinübergeführt, deren Individuen sich durch nichts unterscheiden als dadurch, dass von zwei innerhalb eines Jahres stattfindenden Bruten („Generationen") die eine (auch unter dem Einflusse der Jahreszeit) eine kürzere Zeit (4 Monate) zur Vollendung braucht als die andere (8 Monate): z. B. bei *Lophyrus pini* unter den Insekten.[3])

Dieser letztere Fall, der als etwas ganz Selbstverständliches und überhaupt nicht wie ein „Generationswechsel" erscheinen könnte, giebt uns gleichzeitig einen Hinweis darauf, wie allmählich durch äussere (und innere?) Einflüsse aus der normalen Entwickelung eines Thieres jener Wechsel verschiedengestaltiger und sich auch sonst verschieden verhaltender Generationen seine Entstehung nehmen kann.

Kehren wir nach dieser Abschweifung über die verschiedenen Zeugungsarten, welche uns zur richtigen Würdigung der Stellung der Parthenogenese zu denselben nicht ganz bedeutungslos erschien, wieder zu dieser letzteren selbst zurück. Wenn wir das Thatsächliche, was im Laufe vieler Jahre durch sorgfältige und zum Theil sehr mühsame Beobachtungen und Untersuchungen über die Parthenogenese im Thier-

---

[1]) Es ist schon oben darauf hingewiesen worden, dass Leuckart diese Bezeichnung in seinen Vorlesungen zu gebrauchen pflegt, ohne dass er in einer Publikation darüber gehandelt hätte. Wohl aber ist bereits durch einen seiner Schüler Tesmer (1889) dieser Ausdruck allgemeiner bekannt geworden. — Es braucht hier wohl nicht besonders hervorgehoben zu werden, dass es sich bei dem so bezeichneten Entwicklungscyklus um etwas anderes handelt, als um das, was einst von Haeckel mit dem fast gleichen Namen *Alloiogenesis* belegt worden ist.

[2]) Wenn wir uns dächten, dass die Samenelemente nicht zur Reife kämen oder erst zu einer Zeit, in welcher sie zur Befruchtung der Eier nicht dienen könnten, die letzteren sich aber dennoch ohne Befruchtung entwickelten, so würden wir ein Beispiel fingirt haben, wie sich aus ächter Heterogonie eine Allologonie ausgebildet hat.

[3]) cfr. Nitsche. H., Lehrbuch der mitteleuropäischen Forstinsektenkunde. 1. Abth. 1886. p. 126.

reiche hat festgestellt werden können, noch einmal in Kürze zusammenfassen, so ist etwa Folgendes zu sagen.

Es giebt gewisse thierische Eier und nicht nur Eier gewisser Arten, sondern auch bei einer und derselben Art zu gewissen Zeiten und unter bestimmten Verhältnissen, welche fähig sind, sich ohne Einfluss eines männlichen Elementes zu entwickeln. Diese Entwicklung erstreckt sich in manchen Fällen nur bis zu den ersten Furchungsstadien (Frosch, Huhn, Säugethier) oder bis zur Ausbildung des Blastoderms (Seidenspinner) oder noch einen Schritt weiter bis zur Fertigstellung einer selbständigen Larvenform (Seesterne), während sie in anderen Fällen einen vollständigen, selbst wieder fortpflanzungsfähigen Organismus liefert. Im letzteren Falle können die Nachkommen eines unbefruchteten Eies ausschliesslich männliche (gesellig lebende Hymenopteren, gewisse Blattwespen), oder ausschliesslich weibliche Individuen sein (Krebse, Pflanzenläuse) oder endlich Vertreter von beiden Geschlechtern in den verschiedensten Zahlenverhältnissen. Mann spricht dann einerseits von *Arrenotokie*, andererseits von *Thelytokie* und könnte die dritte Möglichkeit als *Amphoterotokie* bezeichnen. Bei manchen Thieren tritt die Parthenogenesis nur ganz vereinzelt auf und unter zahlreichen Eiern desselben Weibchens nur bei einer beschränkten Anzahl: exceptionelle Parthenogenesis (Schmetterlinge, Käfer), bei anderen kommt sie regelmässig zur Beobachtung und kann als normale Parthenogenesis (Iso-Parthenogenese Hatschek's) der ersteren gegenübergestellt werden (gesellige Hymenopteren, Krebse, Räderthierchen, Pflanzenläuse). Bei *Cladoceren*, *Ostracoden*, auch bei den *Rotatorien* wechseln die parthenogenetischen Eier je nach der Jahreszeit mit befruchtungsbedürftigen Eiern ab und diese beiden Arten von Eiern unterscheiden sich durch die Schale, den Dotter und zuweilen auch die Art der Embryonalentwicklung. Claus spricht in solchen Fällen von unvollkommener Heterogonie jenen anderen gegenüber, wo nicht nur die Fortpflanzungskörper, sondern auch die sich fortpflanzenden Individuen verschieden sind, wo die ausschliesslich parthenogenesirenden Weibchen abwechseln mit begattungsfähigen und befruchtungsbedürftigen Weibchen, die sowohl in der Einrichtung ihres Geschlechtsapparats wie in der äusseren Körperform von jenen abweichen, zum Theil so sehr, dass man von einem Polymorphismus der Individuen sprechen muss. Diese bei den *Phytophthiren* und *Cynipiden* realisirte Form von Parthenogenesis nennt Hatschek „Hetero-Parthenogenese". Eine weitere Modifikation dieser heteromorphen Generationen wird dadurch bedingt, dass an Stelle der normalen Parthenogenese die Pädogenesis tritt, dass fortpflanzungsfähige Jugendformen („Larven") mit erwachsenen Geschlechtsthieren alternirend auftreten (*Miastor, Chironomus*,

Trematoden). Die Fälle wirklicher Parthenogenesis, welche bis jetzt zur Beobachtung gekommen sind, beziehen sich nur auf Vertreter zweier Thiertypen: *Arthropoden* und *Würmer*.[1])

Wir haben bisher ausschliesslich das Thierreich zum Gegenstand unserer Betrachtungen gemacht. Auch bei den Pflanzen kommt Parthenogenesis vor, und wenn wir es auch unterlassen müssen, mit der gleichen Ausführlichkeit auf diesen Kreis von Lebewesen einzugehen, so möchten wir sie doch nicht völlig mit Stillschweigen übergehen. Die Lehre von der Parthenogenese bei Pflanzen hat nicht minder ihre Geschichte und ist nicht unbeeinflusst geblieben von dem, was auf dem Gebiete der Zoologie über diese Form der Fortpflanzung beobachtet und geschlossen wurde. Später als für die Thiere, nämlich erst in den ersten Jahrzehnten dieses Jahrhunderts, erkannte man auch bei Pflanzen jene Zellen, durch deren Zusammenwirken die geschlechtliche Fortpflanzung eingeleitet zu werden pflegt und war in Folge dessen lange Zeit hindurch der Meinung, dass bei der „Unschuld des Pflanzenlebens" überhaupt von einer geschlechtlichen Differenzirung keine Rede sei. Man war sich zwar schon im Alterthum des Gegentheils bewusst geworden, wie die in Praxi ausgeführten Manipulationen bei der Zucht von Dattelpalmen und Feigen beweisen, es dauerte aber lange, ehe man in unserer Zeit der theoretischen Behandlung dieser Frage zu ihrem Rechte verhalf. Erst seit 1694, wo Camerarius eine befriedigende Vorstellung de sexu plantarum entwickelte, begann sich die Lehre von der Geschlechtlichkeit der Pflanzen einzubürgern, während die eigentlichen Vorgänge der Befruchtung zu erkennen einer sehr viel späteren Zeit vorbehalten blieb. Doch die Annahme, dass eine solche zur Ausbildung eines Samens notwendig sei, wurde keineswegs von allen Botanikern getheilt; die einen leugneten sie ganz und gar, die anderen wollten sie nur auf gewisse Fälle beschränkt wissen und führten eine Menge von Beispielen an, aus welchen hervorgehen sollte, dass auch ohne männlichen Einfluss reife Samen zur Ausbildung kommen. Was bis zum Jahre 1844 nach dieser Richtung in der Litteratur verzeichnet ist, hat Karl Friedrich von Gaertner in seinen „Beiträgen zur Kenntniss der Befruchtung der vollkommenen Gewächse" gesammelt und von seinem Standpunkte aus beleuchtet. Erst als die Siebold'sche Schrift über wahre Parthenogenesis erschien, wurde die Aufmerksamkeit von neuem auf jene fast vergessenen Mittheilungen gelenkt, gerade so wie auf unserem Gebiete, aber mit anderem Erfolge. Denn

---

[1]) Weismann (1891) „erklärt" diese Beschränkung der Parthenogenese auf diese bestimmten Gruppen damit, dass sie bei den niedrigeren Thieren nicht nöthig war, weil die Vermeidung der Amphimixis dort leichter durch Theilung und Knospung erreicht wird, während sie bei höheren Thierkreisen fehlt, weil hier keine Momente eintraten, um die Amphimixis durch eine andere Art der Fortpflanzung abzulösen.

während die Fälle von unbefruchteten und dennoch entwicklungsfähigen Eiern, welche in den Annalen der Zoologie von 1667 bis 1856 aufgezeichnet sind, in der Folge bestätigt werden konnten oder zum mindesten durch neue Beobachtungen viel von ihrer Unglaubhaftigkeit verloren, wurde die Parthenogenese bei Pflanzen von der genauen Forschung Schritt für Schritt zurückgedrängt. Wie dies im einzelnen geschah, können wir hier nicht berichten, sondern müssen uns darauf beschränken, in grossen Zügen die Veränderung des wissenschaftlichen Standpunkts auf dem Gebiete der Botanik zu kennzeichnen.

Es war Alexander Braun, welcher, durch Siebold's Schrift angeregt, noch in demselben Jahre seine Beobachtungen an jener berühmt gewordenen neuholländischen Euphorbiacee veröffentlichte, welche den Namen *Caelebogyne ilicifolia* führt und in den Kew Gardens bei London jährlich reife Samen ansetzte, ohne dass man im Stande war, männliche Blüthen an ihr aufzufinden. Aber auch einige unserer heimischen Gewächse, wie *Cannabis, Spinacia, Mercurialis* u. A. schienen das gleiche Verhalten zu zeigen und als Beweis für die Parthenogenesis dienen zu können. Neben Braun waren es Radlkofer, welcher mit Entschiedenheit für diese Auffassung eintrat, und Naudin, welcher aus seinen Beobachtungen bereits die theoretische Folgerung ableitete, dass nur diöcische Pflanzen ohne Befruchtung Samen ausbilden können. Als Gegner dagegen traten Klotzsch (1857), Schenk (1860) und namentlich F. Regel (1859) auf. Dem letzteren verdanken wir auch eine sehr sorgfältige und kritische Zusammenstellung der auf Parthenogenese bei Pflanzen bezüglichen Beobachtungen vor seiner Zeit von Spallanzani an, denen er dann seine eigenen Beobachtungen anreiht. Das Resultat, zu welchem er gelangt, ist: bei wirklich verhinderter Befruchtung kommt es nicht zur Samenbildung, daher werden auch die Fälle, in welchen das Gegentheil angegeben wird, auf Befruchtung beruhen. Nur der *Caelebogyne* gegenüber, welche er nicht selbst untersuchen konnte, nimmt Regel eine etwas vorsichtigere Stellung ein, glaubt aber auch hier, dass möglichenfalls noch versteckte Antheren entdeckt werden könnten. Solche wollte in der That Karsten (1860) aufgefunden haben, der diesen Standpunkt bis in die neueste Zeit unverändert aufrecht erhalten hat (1888). Eine andere Deutung hatte bereits 1857 Klotzsch gegeben, indem er in der Samenbildung nicht eine Befruchtung, auch nicht eine Parthenogenese, sondern eine Knospenbildung erkennt. Dass er damit durchaus das Richtige getroffen, ist erst sehr viel später (1878) durch Strasburger von neuem festgestellt worden. *Caelebogyne* blieb bis dahin ein Beispiel für Parthenogenese und bildete auch in diesem Sinne noch einmal den Gegenstand einer besonderen Untersuchung, die unter Braun's Einflusse entstand und 1877 von Hanstein veröffentlicht wurde. Neben *Caelebogyne* war es *Chara crinita*, für welche Braun (1859) die Parthenogenesis konstatirt hatte. Diese im nördlichen Europa ausschliesslich in weiblichen Individuen vorkommende *Thallophyte* ist später (1875) auch von de Bary untersucht worden und gilt noch heutigen Tages als das einzige Beispiel von Parthenogenesis bei Pflanzen mit differenten Sexualorganen. Sie ist gleichzeitig ein Beleg dafür, dass auch in diesem organischen Reiche die Parthenogenesis eine allmählich erworbene Form der Fortpflanzung ist; denn alle anderen *Chara*-Arten, und auch *Chara crinita* an einzelnen südlichen Fundstellen, entwickeln sich nur aus befruchteten Eiern. Wo es bei Phanerogamen ohne Befruchtung zur Ausbildung von Samen kommt, da handelt es sich, wie Strasburger zuerst für *Funkia ovata* und *Allium fragrans* nachgewiesen hat, um eine Zellenwucherung der Samenknospe in den Embryosack hinein. Die Embryonen, die auf diese Weise entstehen, sind mithin Sprossungen, sog. Adventivknospen. Sobald man auch für die Pflanzen die Definition der Parthenogenesis als einer Entwicklung der Eizelle ohne Befruchtung festhält, was leider nicht von allen Seiten geschieht, so beruhen jene Verhältnisse bei den erwähnten Pflanzen, zu denen auch der Citronenbaum und, wie schon gesagt, *Caelebogyne* gehören, eben nicht auf Parthenogenesis, sondern stellen eine Form ungeschlechtlicher, auf Zellenkomplexen beruhender Fortpflanzung vor, wie wir sie auch im Thierreiche kennen. Für diese Art der Vermehrung hat de Bary (1878) die jetzt ganz allgemein von den Botanikern angenommene Bezeichnung Apogamie eingeführt, durch welche der Verlust der geschlechtlichen Zeugungsfähigkeit zum Ausdruck gebracht wird. Die Apogamie ist nichts anderes als eine bestimmte Form der von Huxley Agamogenesis genannten Fortpflanzungsarten. De Bary hat, übrigens diese Bezeichnung zunächst nicht für die in Rede stehenden Fälle einer ungeschlechtlichen Vermehrung bei *Phanerogamen* eingeführt, sondern für gewisse sehr interessante Erscheinungen bei manchen Farnkräutern (*Pteris cretica*, *Asplenium filix femina cristatum*), wo sich an den Prothallien Embryonen und junge Pflanzen nicht aus Eizellen der Archegonien (wie es in der Regel ist), sondern durch Sprossung aus dem Gewebe des Prothalliums entwickeln.

Pringsheim hat noch eine andere Reihe von Erscheinungen im Pflanzenreiche als Parthenogenesis bezeichnet, nämlich die Ausbildung von Oosporen bei den *Saprolegniaceen* ohne Mitwirkung von Antheridien. De Bary rechnet indessen auch diese Erscheinungen, gestützt auf andere Resultate seiner Beobachtungen, zur Apogamie.

Erst nachdem das Vorkommen der parthenogenetischen Fortpflanzung auf den verschiedensten Gebieten thierischen Lebens zur Gewissheit geworden war, konnte man auch daran denken, diese Thatsachen vom theoretischen Standpunkte aus zu betrachten und sie im Zusammenhange mit anderen Erscheinungen zu verwerthen, um dem grossen Räthsel der Befruchtung und Vererbung etwas näher zu treten.

Wenn wir zunächst die Frage aufwerfen, welche Bedeutung die Parthenogenese für solche Thierarten hat, wo sie bis zur Entwicklung eines selbständigen Lebewesens führt, so dürfte die Antwort am nächsten liegen, dass in ihr ein Mittel zu erkennen sei, durch welches die Natur unter gewissen Verhältnissen eine möglichst zahlreiche Nachkommenschaft zu erzielen sucht, wie es bereits (1858) Leuckart ausgesprochen hat (pag. 109). Die Parthenogenese würde in dieser Hinsicht vergleichbar sein der Entwicklung mit freier Metamorphose, durch welche bei einem gegebenen Bildungsmateriale die grösstmögliche Productivität erzielt wird. Und wenn die Parthenogenese für die Erhaltung und besonders die Verbreitung einer Art nicht vortheilhaft wäre, so würde sie nicht, wie Grobben (1879) hervorhebt, eine so weite Verbreitung erlangt haben, sondern durch die natürliche Züchtung unterdrückt worden sein (pag. 45.) Hatschek[1]) macht darauf aufmerksam, dass die Parthenogenese vornemlich bei niederen Süsswasser- und Landthieren vorkomme, die dem Wechsel der Jahreszeiten ausgesetzt sind. Die *Cladoceren, Ostracoden* und *Rotatorien* nutzen die günstigen sommerlichen Lebensbedingungen durch rapide Fortpflanzung rasch aus und haben überdies durch den Wegfall der Männchen eine ökonomische Ersparniss, und ähnliche Vortheile erwachsen für Blattläuse und einige andere Insekten durch jungfräuliche Zeugung in der warmen Jahreszeit. Nicht anders ist die Ansicht, welche R. Hertwig[2]) vertritt, wenn er sagte: „Für viele Fälle ist es sicher erwiesen, dass die Parthenogenesis die Aufgabe hat, durch Ersparung der Männchen eine rasche Ausbreitung der Art zu ermöglichen. So lange Parthenogenesis herrscht, verbreiten sich Blattläuse und Flohkrebse mit ganz ausserordentlicher Schnelligkeit über ein ihnen zugängliches Gebiet, während das Auftreten von Männchen eine langsamere Vermehrung bedingt." Derartige Erwägungen liegen ausserordentlich nahe und sind im Grunde nur ein Ausdruck des thatsächlich Beobachteten. Man möchte sich freilich veranlasst fühlen, daraus den Schluss zu ziehen, dass die äusseren Existenzbedingungen gleichzeitig die Veranlassung für das Auftreten der Parthenogenesis waren, denn wenn es für die Erhaltung einer Art von unverkennbarem Vortheile ist,

---

[1]) Hatschek. B., Lehrbuch der Zoologie. 2. Lfg. 1889. p. 215.
[2]) Hertwig, R., Lehrbuch der Zoologie. 1892. p. 112.

unter gewissen durch Oertlichkeit und Jahreszeit vorgeschriebenen Verhältnissen ein Mittel zu möglichst rascher Vermehrung zu haben, so müsste die Naturzüchtung hier einen Angelpunkt für ihre Wirksamkeit finden. Weismann spricht das direkt aus, wenn er (1892) sagt: „Periodische Ungunst der Lebensbedingungen hat vielfach den Anlass zur Einführung der Parthenogenese bei Arthropoden und Räderthieren gegeben" (pag. 167) und hebt es ebenfalls im Einzelnen hervor, inwiefern für niedere Krebse, Blatt- und Rindenläuse, auch Gallwespen[1]) ein besonderer Vortheil durch den Ausfall der zweigeschlechtlichen Generation erwachse. Wie sehr der Eintritt der kälteren, für thierisches und pflanzliches Leben ungünstigen Jahreszeit einen Einfluss auf die Entwicklung der Blattläuse ausübt — um bei diesen zunächst zu verweilen — geht nicht bloss aus der Thatsache hervor, dass am Ende des Sommers männliche Individuen entstehen und befruchtete Eier abgelegt werden, sondern noch viel mehr aus den schon vor langer Zeit angestellten und von uns oben angeführten Experimenten, diese Thiere durch künstliche Wärme über die klimatischen Verhältnisse hinwegzutäuschen. In solchen Fällen folgten sich ununterbrochen Jahre lang nur parthenogenesirende Generationen. Darin liegt für diesen speciellen Fall der direkte Beweis, dass die Erzeugung einer Nachkommenschaft aus unbefruchteten Eiern von günstigen Existenzbedingungen abhängig ist. Und etwas ganz Aehnliches lehren uns die Beobachtungen Wasmann's an Ameisen. Während es unter natürlichen Verhältnissen zuweilen vorkommt, dass einzelne Arbeiter Eier legen, konnte hier durch künstliche Vorkehrungen die Mehrzahl dieser Kaste für parthenogenetische Fortpflanzung erwärmt werden. Es ist nicht undenkbar, was Degeer vermuthet, dass die Blattläuse in südlichen Ländern bei geringeren jährlichen Temperaturschwankungen die geschlechtliche Fortpflanzung ganz aufgegeben haben oder dieselbe wenigstens viel seltner in Thätigkeit treten lassen als bei uns. Wenn wir übrigens in erster Linie den Einfluss der Jahreszeit betonen, so soll dabei keineswegs verkannt sein, dass die Nahrungverhältnisse in nicht geringerem Masse in Betracht kommen. Diese beiden Factoren hängen hier aber so innig zusammen, dass bei dem Vorhandensein des einen der andere als selbstverständlich erscheinen muss; denn wenn mit dem Ende der warmen Jahreszeit die Vegetation in den Hintergrund tritt, sind eben für Thiere, wie die Blattläuse, welche sich von Pflanzensäften ernähren, die Lebens-

---

[1]) Dass bei den in Staaten lebenden Hymenopteren die streng arrenotoke Parthenogenesis von ganz anderen Gesichtspunkten aus betrachtet werden muss, liegt auf der Hand. Wenn es sich auch hier darum handelte, durch Ausfall der Befruchtung eine möglichst zahlreiche Nachkommenschaft zu erzielen, so müssten nicht die Drohnen, sondern die Arbeiterinnen und Königinnen durch Parthenogenese entstehen.

bedingungen aufgehoben. Wenn aus den angeführten Experimenten von Degeer, Kyber und Anderen ersichtlich wurde, dass durch Erhaltung der günstigen Existenzbedingungen die parthenogenetische Fortpflanzung auf längere Zeit ausgedehnt werden kann, so liegen auch Versuche in dem umgekehrten Sinne vor, welche zeigen, dass die Entziehung die ersteren, inbesondere die Entziehung der Nahrung früher zu demselben Resultate führt, wie der Eintritt ungünstiger Bedingungen unter natürlichen Verhältnissen. Ganz zufällig machte Göldi (1885) die Entdeckung, dass ungeflügelte Exemplare des *Pemphigus xylostei*, welche er eine Woche lang ohne Nahrung gelassen, weil aus dem Gedächtniss verloren hatte, innerhalb dieser Zeit unter sichtlicher Abnahme ihrer Körperfülle zu geflügelten Thieren geworden waren, während die übrigen Individuen derselben Läusegesellschaft, welche auf der Nährpflanze geblieben waren, noch denselben Entwicklungsgrad zeigten, wie vorher. Göldi unternahm nun zielbewusste Experimente auch mit anderen Blattläusen, mit *Pemphigus bumeliae*, einer *Lachnus*-Art und mit der Blutlaus und erhielt ähnliche Resultate. Von der Blutlaus verschaffte er sich die im Freien erst im September auftretenden geflügelten Thiere im Zimmer bereits im Juni. Später ist es Keller (1887) geglückt, auf solchem Wege auch geflügelte Rebläuse zu züchten, welche nicht etwa durch diesen künstlichen Eingriff verkümmert waren, sondern entwicklungsfähige Eier ablegten. Das Resultat aller dieser Versuche ist immer das gleiche: „Nahrungsentziehung bedingt ein Aufhören der Parthenogenesis".

Es brauchen aber durchaus nicht immer auf Nahrung und Jahreszeit bezügliche Verhältnisse zu sein, welche der parthenogenetischen Fortpflanzung ein Ziel setzen und durch Erzeugung von Männchen eine Entwicklung aus befruchteten Eiern anbahnen. Für die Wasserflöhe ist es die Gefahr, durch Austrocknen ihrer Aufenthaltsorte gänzlich zu Grunde zu gehen, und bei den in mehrfacher Hinsicht sehr interessanten Untersuchungen von Schmankewitsch (1875) hat sich gezeigt, dass die relativ schnelle Concentration des Salzgehaltes des Wassers, welches *Artemia salina* und *Daphnia magna* bewohnen, einen ähnlichen Effekt hat. Und was man hier durch künstlichen Eingriff in die natürlichen Lebensverhältnisse erzielte, das leistet für *Daphnia rectirostris* die Natur selbst, indem im Xandschibei-Liman durch die sommerliche Wärme die Concentration des Salzgehaltes erhöht wird; auch hier hört die parthenogenetische Fortpflanzung auf und es bilden sich Ephippialeier, wie sonst nur vor Eintritt des Winters.

Was in allen diesen Fällen zur Beobachtung kommt, ist also die Unterbrechung der Parthenogenese und die Entstehung von Männchen. Es liegt nahe, die Frage aufzuwerfen, welchen inneren Zusammenhang beides hat; man möchte den Schluss ziehen, dass zur Production von Weibchen günstigere Lebensverhältnisse gehören, als zu derjenigen von Männchen, und als Grund dafür scheinen wiederum die Ernährungsverhältnisse angesprochen werden zu müssen. Sobald sich ungünstige Existenzbedingungen geltend machen, mögen sie nun in einem zu geringen Quantum von Wasser oder in einer bestimmten chemischen Beschaffenheit desselben, mögen sie in zu geringen Wärmegraden und im Mangel an Nahrung oder in beiden Faktoren gleichzeitig zu suchen sein, tritt — so müsste man annehmen — eine schlechtere Ernährung der Thiere ein, und diese verlieren dadurch die Fähigkeit, Weibchen zu produciren oder wenigstens ausschliesslich solche auszubilden, liefern vielmehr nun auch männliche Thiere, mit welchen die Bedingungen zur geschlechtlichen Fortpflanzung durch befruchtete Eier gegeben sind.

Die Ergründung der Ursachen, wodurch Männchen erzeugt werden, ist eines der Erfordernisse, wenn man die Entstehung der Parthenogenesis zu erklären versuchen will. Denn die erste Frage, „wodurch wird Parthenogenesis bedingt?" kann nur so beantwortet werden: „durch Mangel an Männchen", und nun erst entsteht naturgemäss die zweite Frage, welche wieder eine doppelte ist: „wodurch entstehen Männchen resp. wodurch wird die Erzeugung von Männchen unterdrückt?" und zweitens: „wodurch hat das Ei die Fähigkeit erlangt, sich auch ohne männlichen Einfluss zu entwickeln." Die erste dieser beiden Fragen fällt zusammen mit der viel besprochenen nach den das Geschlecht bestimmenden Ursachen. Bei dem Versuche, diese zu ergründen, ist man von verschiedenen Seiten zu dem Resultate gelangt, welches wir soeben berührt haben, dass ungünstigere Existenzbedingungen die Entstehung männlicher Nachkommenschaft veranlassen. Es ist nur eine Consequenz dieser Anschauung, wenn u. a. Rolph (1882) zu der Ansicht gelangt, dass „ein gewisses Maximum von Abundanz und von guten Lebensverhältnissen bei parthenogenetischen Thieren Thelytokie liefert, während minderes Wohlergehen Arrenotokie producirt" (pag. 120.)[1] Wenn wir hieran als an etwas Thatsächlichem festhalten wollen, so würden wir um einen Schritt in dem Verständniss der uns hier interessirenden Dinge weiter gekommen sein, insofern nämlich, als wir wüssten, dass das thierische Ei durch die äusseren Lebensbedingungen in einen Zustand versetzt werden kann,

---

[1] Statt Rolph hätte ich auch Düsing anführen können, welcher (p. 780) sagt: „Der Ueberfluss ist also die Bedingung und die Ursache der thelytokischen Parthenogenesis", aber Düsing thut diesen Ausspruch zwei Jahre später (1884) als Rolph und erwähnt den letzteren bei dieser Gelegenheit nicht, obgleich er dessen „Biologische Probleme" gekannt hat

dass es sich entweder zu einem männlichen oder zu einem weiblichen Individuum entwickelt. Wie es aber beschaffen sein muss, dass es sich überhaupt entwickelt und, was unsere zweite Frage fordert, dass es sich auch ohne männlichen Einfluss entwickeln kann, dies zu erklären sind wir ausser Stande: wir können nur nach dem Maasse unserer heutigen Kenntnisse sagen, der Grund dafür liegt im Protoplasma des Eies und hier wiederum in der Beschaffenheit des Nucleoplasmas. Die letzten Ursachen sind uns verborgen und bleiben es vielleicht auf immer.

Wenn wir also nach dem, was wir darüber wissen, keineswegs daran zweifeln können, dass mit der Parthenogenesis wirklich ein Vortheil für die betreffende Art verbunden ist[1]) und die Vermuthung nahe liegt, ja beinahe selbstverständlich erscheint, dass darin der „Anlass zur Einführung der Parthenogenese" zu suchen sei, so sind wir doch weit entfernt, die Entstehung derselben auch erklärt zu haben; wir haben sie uns durch richtige Beurtheilung der beobachteten Fälle plausibel gemacht, ebenso wie uns die schützende Aehnlichkeit und die Mimicry zweifellos als vortheilhaft für die betreffenden Thiere und deshalb durch Naturzüchtung entstanden erscheinen. Aber das „Wie" bleibt genau so unerklärt in dem einen wie in dem anderen Falle und auch dann noch, wenn wir das moderne Schlagwort gebrauchen und die Parthenogenese eine „Anpassung an die Lebensverhältnisse" nennen.

Eins dürfen wir als sicher ansehen, wenn wir die parthenogenesirenden Arten inmitten solcher Verwandten sehen, welche sich auf dem normalen Wege fortpflanzen: die Parthenogenesis ist aus der zweigeschlechtlichen Fortpflanzung entstanden, sie ist eine geschlechtliche Fortpflanzung mit rückgebildeter Befruchtung.[2]) War doch die Ansicht von der nothwendigen Befruchtung aller Eier so festgewurzelt, dass, wie wir eingehends unserer Betrachtungen sahen, der Parthenogenesis anfangs mit dem grössten Misstrauen begegnet wurde und dass ihr der Boden Schritt für Schritt erobert

---

[1]) So weit wollen wir auch gelten lassen, was Göldi (l. c. p. 8) sagt: ... „sollte die Natur nicht von diesem potenziellen Vermögen des Eies Gebrauch machen und desselben sich gerade da mit Vortheil bedienen, wo eine offenbare Oekonomie, ein beträchtlicher Zeitgewinn in Gunsten einer potenzirten Reproduktion sich darbietet?" Wenn er aber dann fortfährt: „Kann von diesem Gesichtspunkte aus betrachtet, überhaupt in der Parthenogenese der Aphiden und niederen Crustaceen noch irgend welches Räthsel liegen?" so ist dies eine „Bescheidenheit" in den Anforderungen an eine Erklärung natürlicher Dinge, welche in argem Kontraste steht zu dem Sicherheitsgefühle, mit welchem obige Auseinandersetzungen als selbstverständlich hingestellt werden.

[2]) Rolph (Biologische Probleme, 1882) ist allerdings anderer Ansicht: „Wir werden dazu gedrängt, dem weiblichen Keime, dem Ei, die Fähigkeit der parthenogenetischen Fortpflanzung primär, aber nicht secundär zuzusprechen." „Das Ei hat nicht die Fähigkeit, sich unter gewissen Verhältnissen parthenogenetisch zu entwickeln, sondern es ist unter gewissen Verhältnissen unfähig, sich parthenogenetisch zu entwickeln." (p. 111.)

werden musste. Natürlich, dass die Thatsache der Parthenogenese besonders schwer in die Wagschale fiel, wenn es sich darum handelte, in das eigentliche Wesen und die Bedeutung der Befruchtung einzudringen. Speculationen darüber reichen zwar bis zu den ältesten Zeiten menschlichen Denkens zurück, konnten aber nicht eher auf einer sicheren Grundlage aufgebaut werden, als bis man in der Ei- und Samenzelle diejenigen Elemente der Lebewesen erkannt hatte, durch deren wirkliche Vereinigung die Entwicklung eines neuen Individuums eingeleitet wird. Man lernte durch die Beobachtungen zahlreicher Forscher, unter denen Männer wie Bütschli, O. u. R. Hertwig, Fol, Ed. van Beneden an erster Stelle zu nennen sind, die interessanten und eigenthümlichen Vorgänge kennen, welche als Zeichen der Reife des thierischen Eies und als Vorbereitungen für den Akt der Befruchtung anzusehen sind, sowie jene anderen, durch welche sich dieser letztere selbst documentirt, nämlich die Verschmelzung des durch die sogenannten „Richtungskörperchen" an Masse verminderten Keimbläschens mit dem in das Ei eingedrungenen und zum „männlichen Vorkern" gewordenen Samenelementes. Als man in der Bildung der Richtungskörperchen, deren Auftreten Jahrzehnte früher, als man sie richtig zu deuten verstand, erkannt war, eine Vorbereitung zur Befruchtung sehen zu müssen glaubte, lag es nahe, diejenigen Eier in Betracht zu ziehen, welche nicht befruchtungsbedürftig sind und sich dennoch in normaler Weise entwickeln. Bei denselben hatte man damals noch keine Richtungskörperchen aufgefunden und war um so mehr zu der Annahme, dass sie hier überhaupt nicht vorkommen, geneigt, als man sie bei sämmtlichen Arthropoden und Rotatorien, also Thiergruppen, welche allein normale Parthenogenesis aufzuweisen haben, vermisst hatte. So glaubte man einen prinzipiellen Unterschied zwischen parthenogenetischen und befruchtungsbedürftigen Eiern konstatiren zu müssen. Balfour (1880) spricht in Folge dessen die Ansicht aus, dass durch die Richtungskörper ein Theil der Bestandtheile des Keimbläschens, welche für seine Funktion als vollständiger und unabhängiger Kern nothwendig sind, entfernt wird, um der neuen Zufuhr Platz zu machen, welche durch den Spermakern geliefert wird; er nimmt infolgedessen an, dass da, wo keine Richtungskörper gebildet werden, normaler Weise immer Parthenogenesis eintreten müsse, ja sogar, dass die Funktion, Richtungskörper zu bilden, von dem Ei ausdrücklich zu dem Zwecke angenommen worden sei, um Parthenogenesis zu verhüten (pag. 74). Auf ähnlichem Standpunkte stehen auch Minot (1877) und Ed. van Beneden (1883), nur dass sie in dem durch die Richtungskörper aus dem Ei entfernten Massentheilchen den männlichen Antheil des ursprünglich hermaphroditisch beanlagten Mutterkerns erkennen, der bei der Befruchtung durch neues Material ersetzt werde. Und Weismann endlich sah in der Bildung der Richtungskörper die Entfernung des histogenen Keimzellen-Idioplasmas, so dass allein das Kernkeimplasma im Ei zurückbleibe.[1])

Indessen die Annahme, dass bei parthenogenetischen Eiern Richtungskörper fehlen sollen, war verfrüht. Durch Beobachtungen, zunächst von Weismann an einer Daphnide (*Polyphemus oculus*), dann von Blochmann an einer Reihe von Insekten, waren Richtungskörper nicht nur unter den Arthropoden überhaupt, sondern auch bei parthenogenetischen Eiern nachgewiesen; gleichzeitig war aber auch von den genannten Forschern dennoch darin ein Unterschied zwischen diesen und den befruchtungsbedürftigen Eiern aufgefunden worden, dass bei den letzteren zwei, bei ersteren nur ein Richtungskörper zur Ausbildung kommt. Weismann legte dieser Entdeckung besondere Bedeutung bei, und als es ihm durch fortgesetzte, gemeinsam mit Ischikawa angestellte Beobachtungen möglich war (1888), fünfzehn verschiedene Vertreter aus den Gruppen der Cladoceren, Ostracoden, Insekten und auch der Räderthiere namhaft zu machen, bei deren parthenogenetischen Eiern immer nur ein Richtungskörper gebildet wird, formulirte er diesen Befund zu seinem „Zahlengesetze der Richtungskörper". Dadurch musste nothwendig auch die Weismann'sche Theorie von der Bedeutung der Richtungskörper, welche man übrigens als abortive Eier, die sich durch einen letzten Theilungsprozess von der Eimutterzelle abschnüren, anzusehen gelernt hatte, modificirt werden: denn wenn bei den parthenogenetischen Eiern auch ein Richtungskörper gebildet wird, so musste der bei befruchtungsbedürftigen Eiern stets zur Ausbildung kommende zweite eine andere Bedeutung haben. Als solche nahm Weismann eine Halbierung der Zahl der im Keimplasma enthaltenen Ahnenplasmen oder anders ausgedrückt: eine „Reduction der Vererbungssubstanz" an, während der erste Richtungskörper das ovogene Idioplosma enthalte, das also sowohl aus dem befruchtungsbedürftigen wie aus dem parthenogenetischen Ei herausgeschafft wird. Parthenogenesis, so meinte Weismann, tritt dann ein, wenn die volle Summe der von den Eltern ererbten Ahnen-Keimplasmen durch Unterdrückung des zweiten Richtungskörpers in der Eizelle verbleibt, dieselbe mithin die zur Durchführung der Embryonalentwickelung nöthige Menge von Keimplasma behält.

Doch das Thatsächliche unserer Kenntnisse über die Bildung der Richtungskörper bei parthenogenetischen Eiern war noch nicht abgeschlossen. Durch Platner

---

[1]) Diese Vorstellung hängt aufs engste zusammen mit der specifischen Weismann'schen Lehre von der Kontinuität des Keimplasmas, auf die hier unmöglich näher eingegangen werden kann.

(1888) wurden bei Eiern eines nur ausnahmsweise durch unbefruchtete Eier sich fortpflanzenden Schmetterlings, bei *Liparis dispar*, in jedem Falle zwei Richtungskörper nachgewiesen, ebenso durch Blochmann (1889) bei den sich zu Drohnen entwickelnden Bieneneiern dieselben zwei Richtungskörper gefunden, wie sie die befruchtungsbedürftigen Eier bilden, aus welchen weibliche Individuen entstehen. Daraus geht hervor, dass Parthenogenesis auch dann möglich ist, wenn die Quantität des Keimplasmas im Ei auf die Hälfte vermindert ist. Weismann (1891) sucht diese Thatsache durch die Annahme zu „erklären," dass bei exceptioneller Parthenogenese „das Kernplasma einzelner Eier einer Art das Vermögen des Wachsthums in grösserem Masse als die Majorität derselben besitze, oder, im Falle der Biene, jedes Ei besitze die Fähigceit, sein auf die Hälfte reducirtes Kernplasma, wenn es nicht durch Befruchtung wieder auf das Normalmass gebracht wird, durch Wachsthum wieder auf die doppelte Masse zu bringen."¹) Er ist überzeugt, dass Parthenogenesis auf doppeltem Wege entstanden ist: einmal durch Unterdrückung des zweiten Richtungskörpers — und dies würde für alle Fälle regelmässiger Parthenogenese anzunehmen sein —, dann aber, und zwar bei facultativer Parthenogenesis, trotz Austritt des zweiten Richtungskörpers durch erhöhte Wachthumsfähigkeit des zurückgebliebenen Keimplasmas.

Wir sind Weismann in seinen theoretischen Auseinandersetzungen nur insoweit gefolgt, als es sich um die Parthenogenese handelt; auf etwas Anderes hier einzugehen, was Bezug auf die Vererbungstheorie dieses geistreichen Forschers hat, hiesse die Grenzen weit überschreiten, die wir uns für diese Darstellung gesteckt haben. Nur das können wir hier nicht unerwähnt lassen, dass die Weismann'schen Anschauungen vom Ahnenplasma und die sich daran anschliessenden Speculationen vielfach auf Widersprüche gestossen sind; so hat vor allen Dingen O. Hertwig (1889) auf Grund umfassender eigener Beobachtungen an den Ei- und Samenzellen von *Ascaris megacephala* einen neuen Einblick in die „Reductionstheilungen" gewonnen, auf Grund deren er in der Bildung der Richtungskörper lediglich eine Einrichtung sieht, um zu verhindern, dass durch die Befruchtung eine Summirung der Kernmasse und der chomatischen Elemente herbeigeführt werde."²) Demnach unterbleibt bei parthenogenetischen

---

¹) O. Hertwig (1890) spricht sich darüber folgendermassen (p. 127) aus: „Endlich scheint es auch möglich zu sein, dass Eier, die nach Bildung zweier Richtungskörper reducirte Kerne enthalten, sich doch parthenogenetisch weiter entwickeln können (Blochmann, Platner), da das Theilvermögen der Kerne nach einer stattgefundenen Reduktionstheilung nicht gänzlich aufgehoben ist."

²) „Denn dadurch, dass die Kernmasse der Samenmutterzelle und der Eimutterzelle gleich nach der ersten Theilung noch zum zweiten Male getheilt wird, ehe sie noch Zeit gehabt hat, sich im Ruhe-

Eiern die durch Bildung des zweiten Richtungskörpers herbeigeführte Halbirung der Kernmasse, weil eine solche keinen Zweck haben würde; denn eine Summirung ist beim Ausfall der Befruchtung nicht zu befürchten (pag. 112—113). In Folge der Hertwig'schen Aufschlüsse über die Reductionstheilungen hat denn auch Weismann (1891) seine frühere Deutung der ersten Richtungskörpertheilung als der Entfernung des „ovogenen" Kernplasmas aus dem Ei ohne weiteres fallen lassen (pag. 26.) Hertwig hat übrigens auch bei gewissen parthenogenetischen Eiern ein von dem durch Weismann und Ischikawa festgestellten etwas abweichendes Verhalten beobachtet. Bei *Asteracanthion* nämlich kommt es nach Ausstossung des erstsn Richtungskörpers noch zur Bildung einer zweiten Richtungsspindel, die aber nicht zur Abschnürung eines zweiten Richtungskörpers, sondern nur zur Bildung zweier bläschenförmiger Kerne führte, die dann wieder unter einander verscholzen, der Eimasse also erhalten blieben. Aehnliches hat auch Boveri bei *Ascaris* und *Pterotrachea* beobachtet. Hertwig sieht darin eine Andeutung, wie sich befruchtungsbedürftige Eier in parthenogenetische verwandeln können.

Es ist ein langer Weg von Dzierzon und Siebold bis zu Hertwig und Weismann! Fast ein halbes Jahrhundert ist verflossen, seit die Parthenogenesis behauptet und erwiesen ist, und wie sie von der Theorie gefordert wurde, so gehen jetzt neue theoretische Betrachtungen von ihr aus, um in das Geheimniss der Befruchtung und Vererbung einzudringen. Das Beste aber, was sie uns gebracht hat, ist das: sie hat uns befreit von dem Banne, der eine Befruchtung als die nothwendige Vorbedingung für die Entwicklung des thierischen Eies forderte, befreit auch von dem Gegensatze eines männlichen und weiblichen Prinzips. Dieselbe Parthenogenesis, gegen welche dereinst in Göttingen der Vorwurf erhoben wurde, dass durch sie eine der aller unbequemsten und der Hoffnung auf allgemeine Gesetze der Lebenserscheinungen widerwärtigsten Thatsachen in die Physiologie eingeführt sei, beruht nach den Anschauungen der heutigen Zeit auf Anpassung an die Lebensverhältnisse und geht überall da aus der Befruchtung, d. h. Vermischung der Vererbungssubstanzen zweier Individuum oder „*Amphimixis*" hervor, wo „ein bedeutender Vortheil für die Erhaltung der Art darin gelegen ist."

---

stadium zwischen zwei Mitosen durch Ernährung wieder zu ergänzen, wird sie geviertelt, und so erhält jede der vier Enkelzellen durch den sinnreichen Prozess, den man kurz als Reductionstheilung characterisiren kann, nur die Hälfte der chromatischen Substanz und der chromatischen Elemente, welche ein Normalkern einschliesst." (p 126.)

Litteratur.

I. Mittheilungen über unbefruchtete entwickelungsfähige Eier oder darauf hinweisende Beobachtungen bis zum Jahre 1856.

Aristoteles, De generatione animalium. Ed. Beckeri. Lib. III. cap. 10; Historia animalium. Lib. V. cap. 21—23. (cfr. Aubert u. Wimmer 1858.)

1667. Goedart, Joh., Metamorphosis et historia naturalis Insectorum. Pars II. 1667. p. 106. Experimentum XXX. — Edit. II. Joh. Goedartius de Insectis, opera M. Listeri. Londini, 1685. 1685. p. 187.
(Orgyia gonostigma.)

1695. Leeuwenhoek, A. van, Arcana naturae detecta ope microscopiorum. Delphis Batavorum, 1695. 4. — Epistola 90 et 104. — Deutsche Uebersetzung: Delft. 1696. 4.
(Erste Kenntnis über Blattläuse.)

1696. Blancardus, Stephanus, cit. in: Hannemanni, Observatio de usu Aranearum innoxio, in: Ephem. Acad. Leop. Anno III. 1696. p. 64.
(Aranea quaedam.)

1706. Albrecht, J. P., De Insectorum ovis sine praevia maris cum foemella conjunctione nihilominus nonnunquam foecundis, in: Miscellanea curiosa s. Ephem. Acad. Caes. Leop. nat. curios. Dec. III. Annus IX et X. 1706. p. 26.
(Bombyx spec.)

1737. Réaumur, René de, Mémoires pour servir à l'histoire des Insectes. T. III. Paris 1837. Part. 1. p. 194. — Part. 2. Mém. 9.
(Talaeporia nitidella. — Pucerons.)

1741. Réaumur, René de, Observations sur les Insectes qui se multiplient sans accouplement et par la seule fécondité de chaque individu. in: Mém. de l'Acad. d. Sc. Paris 1741. — Histoires. p. 32.

1745. Bonnet, Ch., Traité d'Insectologie ou observations sur quelques espèces de Vers d'eau douce et sur les Pucerons. Paris, Durand, 1745. (Edit. nouv. Amsterdam 1780.) — Ins Deutsche übersetzt und mit eigenen Zusätzen herausgegeben von Goeze. Halle, Gebauer. 1773. 8.

1755. Schaeffer, J. Ch., Der grüne Armpolyp, die geschwänzten und ungeschwänzten zackigen Wasserflöhe. Regensburg 1755. ('Abhandl. von Insekten'. I. 1764. p. 296.)

1756. Schaeffer, J. Ch., Der krebsartige Kiefenfuss mit der kurzen und langen Schwanzklappe. Regensburg 1756. ('Abhandl. v. Insecten'. II. 1764. p. 167.)

1767. Pallas, P. S., Phalaenarum bigae quarum alterius femina artubus prorsus destituta, nuda atque vermiformis, alterius glabra quidem et impennis attamen pedata est, utriusque vero sine habito cum masculo commercio foecunda ova parit. in: Nov. Acta phys.-med. Acad. Nat. Curios. T. III. 1767. p. 430—437. — Uebersetzt. in: Stralsunder Magazin. II. Stück. 1767. p. 238.
(Psyche graminella u. nitidella.)

1768. Pallas, P. S., Ueber einige Besonderheiten an Insekten. in: Stralsunder Magazin. III. Stück. 1768. p. 239.
(Apus — Hermaphrodit.)

1771. Degeer, Mémoires pour servir à l'histoire des Insectes. Stockholm. — Ins Deutsche übersetzt von Götze u. d. T.: Des Herrn Baron Karl de Geer Abhandlungen zur Geschichte der Insekten. Nürnberg. — T. II. 1771. (Götze: 1778. P. 1. p. 279) u. T. III. 1773. (Götze 1780.)
(Talaeporia lichenella. — Aphiden [2. u. 3. Abh.])

1772. Bernoulli, Observatio de quorundam Lepidopterorum facultate ova sine progresso coitu foecunda excludendi. in: Nouv. Mém. de l'Acad. roy. d. sc. et belles-lettres. Berlin. Année 1772. p. 24 u. 34. (Journ. d. physique. T. 13. 1779. p. 104. — Opuscoli scelti. T. 2. 1779. p. 217. — Neues Hamburger Magazin. Stück 96. p. 504.)
(Gastropacha quercifolia [teste Basler] u. Episema coeruleocephala.)

1772. Schultze, C. F., Der krebsartige Kiefenfuss in den Dresdener Gegenden. in: Neues Hamburger Magazin. Stück 68. 1772. p. 130.
(Selbstbefruchtung bei Apus.)

1773. Degeer: s. oben. (Aphiden.)

1775. Kuehn, Anecdoten zur Insektengeschichte. Fünftes Stück: Abhandlungen von besonderen Raupen, die an Schalthiere gränzen. in: Naturforscher. Stück 7. 1775. p. 180.
(Psyche graminella.)

1776. (Schiffermueller, Ign. u. Mich. Denis), Systematisches Verzeichniss der Schmetterlinge der Wiener Gegend. Wien 1776. p. 292.
(Psyche viciella.)

1777. Scopoli, Joa. Ant., Introductio ad historiam naturalem, sistens genera lapidum, plantarum et animalium hactenus detecta, characteribus essentialibus donata, in tribus divisa, subinde ad leges naturae. Pragae, Gerle 1777. p. 416. (Naturforscher. Stück 20. 1784. p. 46.)
(Bombyx pini soll Zwitter mit Selbstbefruchtung sein.)

1782. Schrank, F. v., Beitrag zur Naturgeschichte der Motten, die sich in Säcke von Holz und Blätterspäne kleiden. in: Füssly, Arch. f. Insektengesch. Heft 2. 1782. p. 1—14.
(Psyche nitidella [Bombyx carpini].)

1784. Scheven, Th. Gottl. v., Beiträge zur Naturgeschichte der Insekten. in: Naturforscher. Stück 20. 1784. p. 50.
(Gegen die früher beobachteten Fälle.)

1790. Scriba, cit. bei Borkhausen, M. B., Naturgeschichte der europäischen Schmetterlinge nach systematischer Ordnung. Frankfurt a. M., Varrentrapp. III. Theil. 1790. p. 273.
(Psychiden.)

1792. Huber, Franz, Nouvelles observations sur les abeilles. Barde 1792. 8. — Editio II. Paris et Genève, Paschoud, 1814. 8.
Neue Beobachtungen über die Bienen. Nach der 2. Ausgabe deutsch von Kleine. Einbeck, Ehlers, 1856. 8. p. 194.
(Arbeitereier liefern Drohnen.)

1795. Castellet, Constans de, Sulle uova de'vermi da seta fecondate senza l'accopiamento delle farfalle. in: Opuscoli scelti sulle scienze e sulle arti. XVIII. 1795. p. 242—245.
(Bombyx mori.)

1802. Huber, Jean Pierre, Observations on several species of the genus Apis, known by the name of Humble-bee and called Bombinatrices by Linnaeus. in: Trans. Linn. Soc. London. Vol. 6. 1802. (p. 214—298.) p. 214: 288. — Deutsche Uebersetzung: Beobachtungen über die Hummeln. in: Meisner. Naturwiss. Anzeiger Allg. Schweiz. Ges. 4. Jhg. 1821. p. 50; 57; 68; 73.
(Eierlegen von Hummel-Arbeitern.)

1802. Schrank, Franz v. Paula, Fauna Boica. Nürnberg. T. 2. II. Abth. 1802. p. 94; 97.
(Psyche nitidella; cfr. Zeller. in: Germar's Magazin f. Entom. 1. Bd. Heft II. 1815. p. 186—187.)

1805. Ramdohr, Karl Aug., Mikrographische Beiträge zur Entomologie u. Helminthologie. I. Theil. Beiträge zur Naturgeschichte einiger deutscher Monoculusarten. Halle, Schwetschke u. Sohn, 1805. gr. 4.

1805. Treviranus, Gottfr. Reinh., Biologie oder Philosophie der lebenden Natur, für Naturforscher u. Aerzte. Göttingen, Vandenhoeck. 8. — III. Bd. 1805. p. 263—266.
(Zusammenstellung bisher beobachteter Fälle von der Entwicklung unbefruchteter Eier.)

1810. Rossi, cit. in: Ochsenheimer, F., Die Schmetterlinge von Europa. Leipzig, Fleischer. 8. — Bd. 3. 1810. p. 165 u. 178.
(Psyche apiformis.)

1815. Kyber, Joh. Friedr., Einige Erfahrungen u. Bemerkungen über Blattläuse. in: Germar's Mag. f. Entom. 1. Bd. Hft. II. 1815. (p. 1—39.) p. 14.

1816. Duméril, A., Article Araignée. in: Diction. d. sc. natur. Paris. T. II. 1816. p. 324.

1820. Brongniart, A., Mémoire sur le Limnadia. in: Mém. du Mus. d' hist. nat. T. 6. 1820. p. 83.

1820. Jurine, Louis, Histoire des Monocles qui se trouvent aux environs de Genève. Genève, Paschoud, 1820. gr. 4.

1820. Thom. Robert, On the Goosberry Caterpillars, and the Application of heat for their destruction. in: Memoirs of the Caledonian Horticult. Soc. Vol. 4. Part II. 1820. — Gardener's Mag. VII. 1831. p. 196. — London's Mag. of nat. hist. London. Vol. 7. 1835. p. 557.
(Nematus ribesii = ventricosus.)

1821. Treviranus, Gottfr. Reinh. u. Ludwig Christian Treviranus, Vermischte Schriften anatomischen u. physiologischen Inhalts. IV. Bd. Bremen, Heyse, 1821. p. 16.
(Sphinx ligustri.)

1825. Duvan, Auguste, Nouvelles recherches sur l'histoire des Pucerons. in: Mém. du Mus. d'hist. nat. T. 13. 1825. p. 126—140. (Ann. Sc. nat. T. 5. 1825. p. 224. — Extr. in: Nouv. Bull. d. la Soc. philom. Paris, 1825. p. 62—63. — Féruss. Bull. d. sc. nat. T. 6. 1825. p. 303. — Froriep's Notiz. 11. Bd. 1825. p. 181.)

1826. Suckow, Fr. Wilh. Lud., Geschlechtsorgane der Insecten. in: Heusinger's Ztschr. f. org. Phys. II. Bd. 1826. p. 263. (Féruss. Bull. d. sc. nat. T. 17. 1829. p. 313—314. — Müller's Arch. 1837. p. 401.)
(Bombyx pini.)

1830. Berthold, A. A., Beiträge zur Anatomie des krebsartigen Kiefenfusses. in: Isis. 1830. p. 685—694. (Extr. in: Féruss. Bull. d. sc. nat. T. 24. 1831. p. 97—98.)
(Apus-Zwitter; es wird der Nachweis männlicher Genitalien versucht.)

1831. Siebold, C. Th. v., Ueber die rothen Beutel des Apus cancriformis. in: Isis. 1831. p. 429—434.
(Widerlegung Berthold's.)

1832. Burmeister, Herm., Handbuch der Entomologie. I. Th. Allgemeine Entomologie. Berlin, Reimer, 1832. p. 336.
(Gastropacha potatoria; Smerinthus populi [teste v. Nordmann].)
1833. Retzius, A., [Mittheilung über die Entdeckung der Männchen von Apus cancriformis durch Collar.] in: Bericht üb. d. Vers. d. deutschen Naturf. u. Aerzte. Breslau, 1833. p. 56. — Isis, Jhg. 1834. p. 680.
1835. Brown, P. J., A List of Crepuscular Lepidopterous Insects and some of the species of Nocturnal ones, known to occur in Schwitzerland, etc. in: Ann. of Nat. Hist. 1. Ser. Vol. 8. 1835. (p. 553—562.) p. 557.
(Sphinx populi; Arctia caja.)
1838. Herold, M. J. D., Disquisitiones animalium vertebris carentium in ovi formatione. Frankfurt, Sauerländer. Fasc. II. 1838. tab. VII. (Extr. in: Ann. sc. nat. T. 12. 1839. p. 176—205.)
(Bombyx mori.)
1838. Lacordaire, J. Theod., Introduction à l'Entomologie. T. II. Paris, Roret, 1838. p. 383.
(Gastropacha pini; Liparis dispar [teste Carlier, nach dessen Beobachtungen ohne Befruchtung drei Generationen auf einander gefolgt sind, von welchen die letzte nur aus Männchen bestand.)
1839. Siebold, C. Th. v., Über die innern Geschlechtswerkzeuge der viviparen u. oviparen Blattläuse, in: Froriep's Notiz. 12. Bd. 1839. p. 305—308.
1840. Joly, N., Histoire d'un petit Crustacé (Artemia salina), auquel on a faussement attribué la coloration en rouge des marais salans, etc. in: Ann. Sc. nat. 2. Sér. Zool. T. 13. 1840. (p. 225—290.) p. 228; 240.
1840—1843. Hartig, Theodor, Über die Familie der Gallwespen. in: Germar's Ztschr. f. Entom. 2. Bd. Hft. 1. 1840. p. 176—210. — Erster Nachtrag. ebd. 3. Bd. 1841. p. 322—358. — Zweiter Nachtrag. ebd. 4. Bd. 1843. p. 395—422.
1841. Dufour, Léon, Recherches anatomiques et physiologiques sur les Orthoptères, les Hyménoptères et les Neuroptères. in: Mém. présentés par divers savants à l'Acad. roy. d. sc. Paris. T. 7. 1841. (p. 265—647.) p. 527.
(Mangel der Männchen bei Diplolepis gallae tinctoriae.)
1841. Zaddach, Ern. Gust., De Apodis cancriformis Schaeff. anatome et historia evolutionis. Diss. inaug. zootomica. Philos. Ord. Bonnae, typis C. Georgii, 1841. 4. (72 p.)
1842. Steenstrup, Joh. Japetus, Om Fortplantning og Udvikling gjennem vexlende Generationsrakker, etc. Kjøbenhavn, Reitzel, 1842. 4. — Deutsch von C. H. Lorenzen u. d. Tit.: Über den Generationswechsel, od. die Fortpflanzung und Entwickelung durch abwechselnde Generationen, etc. Copenhagen, Reitzel, 1842. 8. p. 121.
(Aphiden.)
1843. Kaltenbach, J. H., Monographie der Familie der Pflanzenläuse (Phytophthires). Aachen, Roschütz, 1843. 8.
1845. Dzierzon, Joh., [Über die Fortpflanzung der Bienen.] in: Eichst. Bienenztg. 1. Jhg. 1845. p. 113.
1846. Le Conte, John, On a new species of Apus (A. longicaudatus). in: Amer. Journ. of Sc. a. Arts. 2. Ser. Vol. 2. 1846. p. 274—275. — Ann. Lyc. Nat. Hist. New York. Vol. 4. 1848. p. 155—156.
(Ein Apus longicaudatus wird wegen des Mangels von Eiern als ♂ in Anspruch genommen.)
1846. Speyer, Adolph, Lepidopterologische Beiträge. V. in: Isis. 1846. (p. 19—48.) p. 30.
(Talaeporia lichenella.)
1847. Duméril, C., Rapport sur deux mémoires de M. Boursier relatifs à des oeufs d'un Bombyx mori qui furent fertiles sans avoir été fécondés par un mâle. in: Compt. Rend. T. 25. 1847.

23

p. 422—427. — L'Institut. XV. no. 716. 1847. p. 306. — Bericht über zwei Abhandlungen Boursier's in Bezug auf unbefruchtete und doch fruchtbare Eier des Bombyx Mori. in: Froriep's Notiz. 3. Reih. 5. Bd. 1848. p. 20—22.

1847. Moegling. Theodor. Die Seidenzucht u. deren Einführung in Deutschland. Stuttgart, Hallberger. 1844. — 2. Aufl. 1847. p. 89.

1847. Speyer. Adolph. Zur Naturgeschichte der Talaeporia lichenella Zell. (Ps. triquetrella Tr.) in: Stettin. Entom.-Ztg. 8. Jhg. 1847. p. 18—21.

1848. Denny, Henry. Have Ants, when deprived of their Queen, the power of selecting one of their number and converting her into a fertile female? in: Ann. Mag. Nat. Hist. 2. Ser. Vol. 1. 1848. p. 240—241.

1848. Dzierzon. Joh.. Theorie u. Praxis des neuen Bienenfreundes, oder: Neue Art der Bienenzucht mit dem günstigsten Erfolge angewendet u. dargestellt. (Brieg, Schwartz.) 1848.
(6 weitere Auflagen dieses Werkes veranstaltete Wilh. Bruckisch, 1849 -61.)

1848. Johnson. J., [Productive eggs of a female of Smerinthus ocellatus taken from the parent after death.] in: Zoologist. Vol. 6. 1848. p. 2269. — Froriep's Notiz. 3. Reihe. 8. Bd. 1848. p. 170.

1848. Leydig. Franz. Über die Entwicklung der Blattläuse. in: Isis. III. 1848. p. 184.

1848. Liévin, Die Branchiopoden der Danziger Gegend; ein Beitrag zur Fauna der Provinz Preussen. in: Neueste Schrift d. naturf. Ges. Danzig. 4. Bd. Hft. 2. 1848. (52 S.) p. 26.
(Daphniden.)

1848. Plieninger. Th. W. H., Superfötation bei Insecten. in: Württemb. Jahreshft. 4. Jhg. 1849. p. 108—109. — Auszug. in: Froriep's Notizen. 3. Reihe. 7. Bd. 1848. p. 232.
(Gastropacha quercus.)

1848. Siebold. C. Th. v., Über die Fortpflanzung von Psyche. Ein Beitrag zur Naturgeschichte der Schmetterlinge. in: Ztschr. f. wiss. Zool. Bd. I. 1848. p. 93—102. — Nuov. Ann. Sc. Bologna. 3. Ser. T. I. 1850. p. 316—318.

1848. Siebold. C. Th. v., Lehrbuch der vergleichenden Anatomie der wirbellosen Thiere. Berlin, Veit u. Comp.. 1848. p. 470; 495.
(Gegen die Deutung des Hermaphroditismus bei Apus.)

1849. Carus, Jul. Victor. Zur näheren Kenntniss des Generationswechsels. Beobachtungen u. Schlüsse. Leipzig. Engelmann. 1849. p. 20.
(Aphiden.)

1849. Popoff. Nicolas. cit. bei Mannerheim. C. G. v., Insectes Coléoptères de la Sibérie orientale nouveaux ou peu connus. in: Bull. Soc. imp. d. natural. Moscou. T. 22. P. I. 1849. (p. 220—249.) p. 233. Note. — Daraus: 'Fruchtbare Lepidopteren-Eier von unbefruchteten Weibchen'. in: Froriep's Tagebl. No. 134. 1850. p. 207—208. — Guérin-Méneville, Oeufs de Lépidoptères éclos quoique leur mère n'ait pas été fécondée. in: Revue et Mag. Zool. T. 2. 1850. p. 137—138.
(Euprepia hololeuca.)

1850. Baird. W., The natural history of the British Entomostraca. London, printed for the Ray Soc.. 1850. 8.

1850. Lereboullet. Aug., Observations sur le coeur et sur la circulation dans la Limnadie de Hermann. in: Mém. Soc. d. Mus. d'hist. nat. Strasbourg. T. 4. 1850. p. 208.

1850. Leydig. Franz. Einige Bemerkungen über die Entwickelung der Blattläuse. in: Ztschr. f. wiss. Zool. Bd. II. 1850. p. 62—67. — Froriep's Tagesber. 1. Bd. 1850. p. 142—143.

1850. Siebold. C. Th. v., Bemerkungen über Psychiden. in: Arb. d. schles. Ges. f. vaterl. Cultur. 1850. p. 84—88. — Stettin. Entom. Ztg. 12. Jhg. 1851. p. 341—345. — Remarks on the

Psychidae. Transl. by H. Fr. Stainton. in: Trans. Entom. Soc. London. N. Ser. Vol. I. 1850—51. p. 234—240.
1851. Curtins, John. cit. bei: Filippi. F. de, Note sur la génération d'un Hyménoptère de la famille des Ptéromaliens. in: Ann. sc. nat. 3. Sér. T. 15. 1851. (p. 294—297.) p. 297.
(Bombyx Polyphemus.)
1851. Leydig. Franz. Über Artemia salina u. Branchipus stagnalis. Beitrag zur anatomischen Kenntniss dieser Thiere. in: Ztschr. f. wiss. Zool. Bd. III. 1851. (p. 280—307.) p. 297.
1851. Siebold. C. Th. v.. Über die Grenzen der Zeugung durch wechselnde Generationen. in: Tagebl. d. 28. Vers. deutsch. Naturf. u. Ärzte. Gotha. 1851. p. 28.
1851. Siebold. C. Th. v., Bemerkungen über die Lebensweise und den Haushalt der Bienen. in: Arbeit. d. schles. Ges. f. vaterl. Cultur. 29. Bd. 1851. p. 48—49.
(Generationswechsel.)
1851. Zenker. W., Physiologische Bemerkungen über die Daphnoiden. in: Müller's Arch. 1851. p. 112—121. — Transl.: Physiological remarks on the Daphnidae. in: Quart. Journ. Micr. Sc. Vol. 1. 1853. p. 273—278.
1852. Dzierzon. Joh.. Nachtrag zur Theorie und Praxis des neuen Bienenfreundes etc. Brieg, Verfasser. 1852. 8. — Ins Polnische übers. von A. Zmudzinski. Lissa, Günther. 1853. 8.
1852. Gundelach. Ferd. H. Wilh., Naturgeschichte der Honigbiene. Cassel, Bohne. 1842. 8. — Nachtrag. 1852. p. 2.
(Eierlegen von Arbeitern der Hornisse.)
1852. Reichert. K. B., Die monogene Fortpflanzung. Festschrift der med. Facult. zur Jubelfeier der Kais. Universität Dorpat am 12. u. 13. Dez. 1852. Dorpat. Gedruckt bei J. C. Schünmann's Wittwe u. C. Mattiesen. 4. (2 Tit., 150 S., 1 Bl.)
(Behandelt u. a. die Entwicklung des Aphiden und Trematoden.)
1852—54. Berlepsch. Aug. v., Apistische Briefe an Herrn Pfarrer Dzierzon. in: Eichstädt. Bienen-Ztg. 8. Bd. 1852. Extra-Beilage zu No. 21. (IV. S.) — II. ebd. 9. Bd. 1853. p. 31—36. — III. ebd. p. 42—47. — IV. ebd. p. 52—56. — V. ebd. p. 176—179. — VI. ebd. 10. Bd. 1854. p. 7—8. — VII. ebd. p. 19—21. — VIII. ebd. p. 34—35. — IX. ebd. p. 41—44. — X. ebd. p. 239—245.
1853. Burnett. W. Irvin, Researches on the development of Viviparous Aphides. in: Proc. Amer. Assoc. Ad. Sc. 7. Meet. 1853. p. 203—223. — Amer. Journ. Sc. a. Arts. 2. Ser. Vol. 17. 1854. p. 62—78; 261—262. — Ann. Mag. Nat. Hist. 2. Ser. Vol. 14. 1854. p. 81—98.
1853. Carus, J. V., System der thierischen Morphologie. Mit 97 Holzschn. Leipzig. Wilh. Engelmann. 1853. 8. (XII. 506 S.)
1853. Huxley, Th. H., Lacinularia socialis. A Contribution to the Anatomy a. Physiology of the Rotifera. in: Trans. Micr. Soc. London. N. Ser. Vol. I. 1853. p. 1—19. (Read Dec. 31, 1851.)
1853. Kipp, Die Drohne ist die männliche Biene. in: Eichstädt. Bienen-Ztg. 9. Bd. 1853. p. 174—175.
(Sphinx populi.)
1853. Leuckart, Rud., Art. Zengung. in: Wagner's Handwörterb. d. Physiol. 4. Bd. 1853. (p. 707—1000.) p. 959.
(Gegen die Auffassung der Psychiden-Weibchen als Ammen.)
1853. Reutti, Carl. Übersicht der Lepidopteren-Fauna des Grossherzogthums Baden. in: Beitrge. zur Rhein. Naturg. Freiburg. 3. Hft. 1853. (p. 1—216.) p. 176.
1853. Wocke, M. F.. Über die schlesischen Arten der Tineaceen-Gattungen Talneporia, Solenobia, Diplodoma, Xysmatodonta, Adela, Nematois. in: Arbeit. d. schles. Ges. f. vaterl. Cultur. 1853. p. 181—183.
1854. Leydig. Franz. Zur Anatomie von Coccus Hesperidum. in: Ztschr. f. wiss. Zool. Bd. V. 1854. p. 1—12.

1854. Siebold, C. Th. v., Zergliederung einer vom Begattungsausfluge heimgekehrten Bienenkönigin. in: Eichstädt. Bienen-Ztg. 10. Bd. 1854. p. 227—231.
1855. Berlepsch, Aug. v., Sind die Drohneneier befruchtet? (Ein Sendschreiben an C. Th. v. Siebold.) in: Eichstädt. Bienen-Ztg. 11. Bd. 1855. p. 73—82.
1855. Leuckart, Rud., [Bericht über Zergliederung einer unbefruchtet ein- und durchgewinterten Bienenkönigin]. in: Eichstädt. Bienen-Ztg. 11. Bd. 1855. 127—129.
1856. Cornalia, Emilio, Monografia del Bombice del Gelso (Bombyx mori). in: Mem. Istit. lomb. sc.. lett. ed arti. T. VI. 1856. (p. 3—387.) p. 212. — Auch separ.: Milano, Meiners, 1856. 4.
(Fruchtbare Eier von unbefruchteten Weibchen.)
1856. Lecoq, Henri, De la génération alternante dans les végétaux et de la reproduction de semences fertiles sans fécondation. in: Compt. Rend. T. 43. 1856. (p. 1067—1070.) p. 1069.
(Bombyx caja.)

II. Litteratur über Parthenogenesis seit dem Erscheinen von v. Siebold's erster Schrift.

1856. Siebold, C. Th. v., Wahre Parthenogenesis bei Schmetterlingen und Bienen. Ein Beitrag zur Fortpflanzungsgeschichte der Thiere. Leipzig. Engelmann, 1856. 8. — Ins Englische übers. u. d. Tit.: On the true Parthenogenesis in Moths and Bees, a contribution to the history of reproduction in animals. Transl. by Dallas. London, Voorst. 1857. 8. — Recherches sur la parthénogénèse proprement dite, chez les Lépidoptères et les Abeilles. (Analyse.) in: Ann. d. sc. nat. 4. Sér. Zool. T. 6. 1856. p. 193—211.
1856. Cohn, Ferd., Über die Fortpflanzung der Räderthiere. in: Ztschr. f. wiss. Zool. Bd. VII. 1856. p. 431—486.
1856. Filippi, F. de, Delle funzioni riproduttive negli animali in complemento all' edizione italiana del Corso elementare di Zoologia del Sig. Milne-Edwards. 2. Ediz. Milano, Vallardi. (1850) 1856. 8. p. 77.
(Die Ammen der Blattläuse werden als Weibchen in Anspruch genommen.)
1856. Frey, Heinr., Die Fortpflanzung der Insekten ohne Befruchtung u. Siebold's neueste Arbeit über diesen Gegenstand. in: Monatsschr. d. wissensch. Ver. in Zürich. 1. Jhg. 1856. p. 473—483.
1857. D[ana], J. D., On Parthenogenesis. in: Amer. Journ. Sc. a. Arts. 2. Ser. Vol. 24. 1857. 399—408.
(Referirend.)
1857. Gasparin, de, cit. in: Rapport sur le Mémoire de M. André Jean, relatif à l'amélioration des races de vers à soie. in: Compt. Rend. T. 44. 1847. (p. 276—314.) p. 291. Note 2.
(Parthenogenesis bei Bombyx mori.)
1857. Heyden, C. H. G. von, Zur Fortpflanzungsgeschichte der Blattläuse. in: Stettin. Entom. Ztg. 18. Jhg. 1857. p. 83—84.
1857. Kozubowski, A., Über den männlichen Apus cancriformis. in: Archiv. f. Naturgesch. 23. Jhg. 1857. Bd. 1. p. 312—318.
1857. Leuckart, Rud., Sur l'Arrénotokie et la Parthénogénèse des Abeilles et des autres Hyménoptères qui vivent en société. in: Bull. Acad. roy. Bruxelles. 2. Sér. T. 3. 1757. p. 200—204.
1857. Lubbock, John, An account of the two methods of reproduction in Daphnia and of the structure of the Ephippium. in: Philos. Trans. Roy. Soc. London. T. 147. 1857. p. 352—355.
— Ann. Mag. Nat. Hist. 2. Ser. Vol. 19. 1857. p. 257—259.

1857. Lubbock, John, Parthenogenesis in the Articulata. in: Philos. Trans. Roy. Soc. London, Vol. 147. Part 1. 1857. p. 95—99.
1857. Millière, Pierre, Création d'un genre nouveau Apterona et histoire des insectes, qui le composent. in: Ann. Soc. Linnéenne de Lyon. 2. Sér. T. 4. 1857. p. 181—202. (Gerstäcker, Bericht. Entomol. 1857. p. 5.)
(Psyche helicinella.)
1857. Wagner, Rud., Anzeige von Siebold's „Wahrer Parthenogenesis". in: Götting. Gelehrt. Anz. 20. u. 23. April 1857. p. 633—644.
1857. Westwood, J. O., [Fertile eggs of Lasiocampa quercus a. Orgyia antiqua without males]. in: Trans. Entom. Soc. London. N. Ser. Vol. IV. 1856—58. Proc. p. 37.
(Darin auch *Inypen* genannt, welcher ein Gleiches für Psyche fusca in Stephens 'Illustrations' angiebt.)
1858. Aubert, Herm. u. F. Wimmer, Die Parthenogenesis bei Aristoteles. Geschlechts- u. Zeugungsverhältnisse der Bienen. in: Ztschr. f. wiss. Zool. Bd. IX. 1858. p. 507—521.
1858. Claus, C., Generationswechsel und Parthenogenesis im Thierreiche. Ein bei Gelegenheit der Habilitation gehaltener Vortrag. Marburg, Elwert, 1858. 8. (24 S.)
1858. Cohn, Ferd., Bemerkungen über Räderthiere. in: Ztschr. f. wiss. Zool. Bd. IX. 1858. p. 284—294.
1858. Huxley, Th. H., On the agamic reproduction and morphology of Aphis. in: Trans. Linn. Soc. London. Vol. 22. 1858—59. P. 3. p. 193—236.
1858. Küchenmeister, Friedr., Warum legt eine Bienenkönigin ein unbefruchtetes Ei in die Drohnenzelle, warum ein befruchtetes in die Arbeitszelle u. primäre Weiselwiege? in: Untertuch. z. Naturlehre (Moleschott). 3. Bd. 1858. p. 233. — Ann. Mag. Nat. Hist. 3. Ser. Vol. 2. 1858. p. 490—491.
1858. Leuckart, Rud., Zur Kenntniss des Generationswechsels und der Parthenogenesis bei den Insecten. Frankfurt a. M., Meidinger, 1858. 8. — Untersuch. z. Naturlehre (Moleschott). 4. Bd. 1858. — Anszug. in: Froriep's Notizen. 1859. p. 305—310. — Eichstädt, Bienen-Ztg. 14. Bd. 1858. Nr. 20 u. 21. — Quart. Journ. Micr. Sc. Vol. 6. 1859. p. 102—104.
1858. Radlkofer, Ludwig, Über das Verhältniss der Parthenogenesis zu den übrigen Zeugungsarten. Eine Berichtigung der Einsprüche A. Braun's gegen meine Anschauungen über die Fortpflanzungsverhältnisse der Gewächse. Leipzig, Engelmann, 1858. 8. (74 S.)
1859. Barthélemy, L. A. de, Études et considérations générales sur la Parthénogénèse. in: Ann. Sc. nat. 4. Sér. Zool. T. 12. 1859. p. 307—320.
1859. Hofmann, Ottmar, Über die Naturgeschichte der Psychiden. Inaug.-Diss. Med. Facult. Erlangen. Erlangen. [Gedruckt von A. W. Schade in Berlin]. Juli 1859. 8. (Tit., 1 Bl. 54 S., m. 2 Taf.) — Auch in: Berlin. Entom. Ztschr. 4. Bd. 1860. p. 1—53.
1859. Leuckart, Rud., Die Fortpflanzung der Rindenläuse. Ein weiterer Beitrag zur Kenntniss der Parthenogenesis. in: Arch. f. Naturgesch. 25. Jhg. Bd. 1. 1859. p. 208—231. — Transl. in: Ann. Mag. Nat. Hist. 3. Ser. Vol. 4. 1859. p. 321—327; 411—422.
1859. Lubbock, John, On the Ova and Pseudova of Insects. in: Philos. Trans. Roy. Soc. London. 1859. Vol. 149. Part I. p. 341—369. — Abstr. in: Proc. Roy. Soc. London. Vol. 9. 1859. p. 574. — Ann. Mag. Nat. Hist. 3. Ser. Vol. 3. 1859. p 499—506.
1859. Ormerod, Edward Latham, Contributions to the natural history of the British Vespidae. in: Zoologist. Vol. 17. 1859. p. 6641—6655. — cfr. a. Smith, Fred., Observations on Hymenopterous Papers which have appeared during the year 1859. etc. in: Entomologist's Annual f. 1860. (p. 86—95.) p. 87.
1859—60. Kirtland, J. P., Parthenogenesis in bees and moths. in: Cleveland. Med. Gaz. 1. 1859—60. p. 326—329.

1860. Brühl, C. B., Über das Vorkommen einer Estheria (Isaura Joly) u. des Branchipus torvicornis in Pest. Eine vorläufige faunistische u. zugleich kritische Bemerkung etc. in: Verh. d. zool.-bot. Ges. Wien. 10. Bd. 1860. Abh. p. 115—120.
(Männchen von Apus cancriformis.)

1860. Dubowski, Bened., Commentationis de parthenogenesi specimen. Diss. inaug. Ord. Med. Berolini. typis G. Lange, 1860. 8. (40 S.)
(Negatives gegenüber der Parthenogenesis.)

1860. Graaf, H. W. de, Vlinders. Eene oude waarneming op nieuw ter sprake gebragt. in: Jaarb. k. Zool. Genootsch. Natura artis magistra. 1860. p. 159.
(Referat über Parthenogenese bei Schmetterlingen.)

1860. Leydig, Franz, Naturgeschichte der Daphniden (Crustacea Cladocera). Mit 10 Kupfertafeln. Tübingen, Laupp, 1860. 4. (IV, 252 p.) p. 58 ff.

1860. Lilljeborg, W., Beskrifning öfver tvenne märkliga Crustaceer af ordningen Cladocera. in: Öfv. K. Vet. Akad. Förh. Stockholm. 17. Årg. 1860. (1861.) p. 265—271.

1860. Smith, Fred., Observations on Hymenopterous Papers which have appeared during the years 1859; with Notes on the Captures of Rare Species which have occurred during that Period. in: Entomologist's Annual f. 1860. p. 86—95.

1860. Stone, S., Facts connected with the history of a Wasp's Nest; with Observations on Ripiphorus paradoxus. in: Trans. Ent. Soc. London. N. Ser. Vol. V. 1859—62. Proc. (f. 1860.) p. 86—87. — Zoologist. Vol. 18. 1860. p. 6832—6833; 6905—6911. — (cfr. auch Smith, Fred., in: Entomologist's Annual f. 1861. p. 39.)

1861. Jourdan, Ponte d'oeufs féconds par des femelles de ver à soie ordinaire, sans le concours des mâles. in: Compt. Rend. T. 53. 1861. p. 1093—1096.

1861. Keferstein, A., Über jungfräuliche Zeugung bei Schmetterlingen. in: Stettin. Entom. Ztg. 22. Jhg. 1861. p. 438—450.
(Theils Referat, theils neue Fälle nach Mittheilungen von Popoff an Bombyx salicis u. ochropoda, Werneburg-Witzel an Gastropacha pudibunda, Schlapp an Arctia caja.)

1862. Breyer, Des espèces monomorphes et de la parthénogénèse chez les Insectes. in: Ann. Soc. Ent. Belge. T. 6. 1862. p. 89—129.

1862. Siebold, C. Th. v., „Über Parthenogenesis." Vortrag, gehalten in der k. Akad. der Wissenschaften am 28. März 1862. München, (Franz), 1862. 4. (25 S.) — Stettin. Entom. Ztg. 23. Jhg. 1862. p. 417.
(Referirend.)

1862. Tigri, [Explication proposée pour certains cas de parthénogénie chez les vers à soie.] in: Compt. Rend. T. 55. 1862. p. 106.
(Negirend.)

1862. Wagner, Nicol., [Spontane Fortpflanzung bei Insectenlarven.] in: [Denkschrift d. kais. Kasan'schen Univers.] 1862. 1. p. 25—114. — Dass. [Gutachten der Akademiker Bär, Brandt u. Owsjannikow.] in: 33. Urtheil des Demidow'schen Preises.] (1864.) 1865. p. 238—242.
(Russisch geschrieben. — Wegen des Originaltitels s. meine Bibl. Zool. p. 1394.

1863. Baer, K. E. v., Bericht über eine neue von Prof. Wagner in Kasan an Dipteren beobachtete abweichende Propagationsform. in: Bull. Acad. imp. St. Pétersbourg. T. 6. 1863. p. 239—241. — Leopoldina. 4. Hft. 1863. p. 51—52.

1863. Cohn, Ferd., Bemerkungen über Räderthiere. III. in: Ztschr. f. wiss. Zool. Bd. XII. Hft. 2. 1862. p. 197—217.

1863. Girard, Maurice, Sur un fait intéressant de parthénogénie. in: Ann. Soc. Ent. France. 4. Sér. T. 3. 1863. Bull. p. XXXV.
(Attacus Cynthia.)

1863. Lespès, Ch., Observations sur les fourmis neutres. (Avec 1 Pl.) in: Ann. sc. nat. 4. Sér. Zool. T. 19. 1863. p. 241—251. — Beobachtungen über die geschlechtlosen Ameisen. in: Ztschr. f. d. ges. Naturwiss. 23. Bd. 1864. p. 12—17.
(Ausgebildete Eier bei Ameisen-Arbeitern.)

1863. Lubbock, John, Notes on some new or little known species of Freshwater Entomostraca. (With 1 Pl.) in: Trans. Linn. Soc. London. Vol. 24. Part II. 1868. p. 197—210.
(Apus productus ♂, p. 206.)

1863. Milne-Edwards, H., Parthénogénèse. in: Leçons sur la phys. et l'anat. comparée de l'homme et des animaux. Paris. T. VIII. 1863. p. 375 ff.

1863. Schaum, H., Über Parthenogenesis. in: Berlin. Entom. Ztschr. 7. Bd. 1863. p. 93—94.
(Negirend. — Zwitter.)

1863. Wagner, Nicolas, Beitrag zur Lehre von der Fortpflanzung der Insectenlarven. (M. 2 Taf.) in: Ztschr. f. wiss. Zool. Bd. XIII. Hft. 4. 1863. p. 513—527.

1864. Claus, C., Beobachtungen über die Bildung des Insecteneies. (M. 1 Taf.) in: Ztschr. f. wiss. Zool. Bd. XIV. Hft. 1. 1864. p. 42—54.
(Die Keime der viviparen Blattläuse sind Eier, die sich parthenogenetisch entwickeln.)

1864. Loew, H., Bericht über die lebendig gebärenden Dipteren-Larven, welche in den letzten Jahren beobachtet worden sind. in: Berlin. Entom. Ztschr. 8. Bd. 1864. p. V—X.

1864. Meinert, Fr., Miastor metraloas yderligere oplysning om den af Prof. Nic. Wagner nyligt beskrevne insektlarve, som formerer sig ved spiredannelse. in: Naturhist. Tidsskr. 3. R. 3. Bd. 1864—65. p. 37—43.

1864. Meinert, Fr., Om larvespirernes oprindelse i Miastor-larven. in: Naturhist. Tidsskr. 3. R. 3. Bd. 1864—65. p. 83—86.

1864. Meinert, Fr., Weitere Erläuterungen über die von Prof. Nic. Wagner beschriebene Insectenlarve, welche sich durch Sprossenbildung vermehrt. Aus dem Dänischen mit Bemerkungen übersetzt von C. Th. v. Siebold. in: Ztschr. f. wiss. Zool. Bd. XIV. 1864. p. 394—399.

1864. Osten-Sacken, R., Über den wahrscheinlichen Dimorphismus der Cynipiden-Weibchen. in: Stettin. Entom. Ztg. 25 Jhg. 1864. p. 409—413.
(Mittheilung nach Walsh.)

1864. Pagenstecher, Alex., Die ungeschlechtliche Vermehrung der Fliegenlarven. (Mit 2 Taf.) in: Ztschr. f. wiss. Zool. Bd. XIV. Hft. 4. 1864. p. 400—416. — Verh. d. naturhist. Ver. Heidelberg. 3. Bd. (1862—65.) 1865. p. 157.

1864. Walsh, Benj. D., On Dimorphism in the Hymenopterous genus Cynips; with an Appendix, containing hints for a new classification of Cynipidae, etc. in: Proc. Ent. Soc. Philad. Vol. 2. (1863—4.) 1864. p. 443—500. — Abstr. in: Amer. Journ. Sc. a. Arts. 2. Ser. Vol. 38. 1864. p. 130—131. — Ann. Mag. Nat. Hist. 3. Ser. Vol. 14. 1864. p. 400.
(Cynips aciculata — spongifica.)

1865. Baer, K. E. v., Über Prof. Nic. Wagner's Entdeckung von Larven, die sich fortpflanzen, Herrn Ganin's verwandte u. ergänzende Beobachtungen u. über die Paedogenesis überhaupt. (M. 1 Kpfrtaf. zu Hrn. Ganin's Beobachtungen.) in: Bull. de l'Acad. imp. St.-Pétersbourg. T. 9. 1866. p. 64—137. — Mélanges biol. tirés du Bull. de l'Acad. imp. St.-Pétersbourg. T. 5. 1865. p. 203—308.

1865. Eaton, A. E., Parthenogenesis in Orgyia antiqua. in: Entomologist's Monthl. Mag. Vol. 2. 1865—6. p. 188.

1865. Ganin, M., Neue Beobachtungen über die Fortpflanzung der viviparen Dipterenlarven. (M. 1 Taf.) in: Ztschr. f. wiss. Zool. Bd. XV. Hft. 4. 1865. p. 375—390.

1865. Gerstäcker, A., Über die Fortpflanzungsweise von Miastor. in: Sitzber. d. Ges. naturf. Freunde. Berlin. Mai 1865. p. 10.
1865. Gerstäcker, A., Über die Artgrenzen der Honigbiene. Bestätigung der Parthenogenesis bei den Honigbienen. in: Reichert u. Du Bois R.'s Arch. f. Anat. 1865. p. 762—764.
1865. Gerstäcker, A., Über die ägyptische Biene u. die Bestätigung der Parthenogenesis durch dieselbe. in: Sitzber. d. Ges. naturf. Freunde. Oct. 1865. p. 17—18.
1865. Gerstäcker, A., Mittheilungen über die Akklimatisation der ägyptischen Biene. Apis fasciata, u. durch Paarung mit der deutschen gewonnenen wissenschaftlichen Resultate. in: Ztschr. f. Akklimat. N. F. 3. Bd. 1865. p. 311—312.
1865. Leuckart. R., Die ungeschlechtliche Fortpflanzung der Cecidomyienlarven. (M. 1 Taf.) in Arch. f. Naturgesch. 31. Jhg. 1. Bd. 1865. p. 286—303. — On the Asexual Reproduction of Cecidomyide Larvae. (With 1 Pl.) in: Ann. Mag. Nat. Hist. 3. Ser. Vol. 17. 1866. p. 161—173.
1865. Löw. H., Notiz über die neuere, die lebendig-gebärenden Dipteren-Larven betreffende Publikation. in: Berlin. Entom. Ztschr. 9. Bd. 1865. p. 270.
(Die Wagner'sche Art steht nahe der Gattung Heteropeza, noch mehr der im Bernstein erhaltenen Monodicrana, und ist sicher der Gattung, wahrscheinlich auch der Art nach identisch mit Miastor metraloas. Meinert.)
1865. Mecznikoff, El., Über die Entwicklung der Cecidomyienlarven aus dem Psendovum. Vorl. Mitth. in: Arch. f. Naturgesch. 31. Jhg. 1. Bd. 1865. p. 504—510.
1865. Menzel, A., Über die Geschlechtsverhältnisse der Bienen im Allgemeinen u. über die Befruchtung der Königin: über Parthenogenesis. in: Schweizer Seidenbau- und Bienenztg. 1863. p. 13—14; 27—28; 43—44. — Mitth. d. Schweiz. Entom. Ges. 1. Bd. 1865. No. 2. p. 15—30.
1865. Pitra, Josef, Gegen die Parthenogenesis bei der Biene. in: Eichstädt. Bienen-Ztg. 21. Bd. 1865. p. 75—80.
1865. Reinhard, H., Die Hypothesen über die Fortpflanzungsweise bei den eingeschlechtlichen Gallwespen. in: Berlin. Entom. Ztschr. 9. Bd. 1865. p. 1—13.
(Gegen die Annahme eines Dimorphismus der Weibchen.)
1865. Wagner, Nicol., Über die viviparen Gallmückenlarven. (Aus einem Schreiben an Prof. C. Th. v. Siebold.) (M. 1 Taf.) in: Ztschr. f. wiss. Zool. Bd. XV. Hft. 1. 1865. p. 106—117.
1865. Wagner, Nicol., Meinert, Pagenstecher et Ganin, Observations sur la reproduction parthénogénésique chez quelques larves d'Insectes diptères. in: Ann. Sc. nat. 5. Sér. Zool. T. 4. 1865. p. 259—291.
1866. Balbiani, G., Sur la reproduction et l'embryogénie des Pucerons. (Extr. par l'auteur.) in: Compt. Rend. T. 62. 1866. p. 1231—1234; 1285—1289; 1390—1394. — Journ. de l'Anat. et de la Physiol. 3. Année. 1866. p. 449—464. — On the Reproduction and Embryogeny of Aphides. in: Ann. Mag. Nat. Hist. 3. Ser. Vol. 18. 1866. p. 62—69; 106—109.
1866. Carus, C. G., Professor Nicolai Wagner's in Kasan Entdeckung von Insekten-Larven, die sich fortpflanzen. in: Leopoldina. 5. Hft. 1865. (Jan., Febr., März 1866.) p. 95—97.
1866. Claus, C., Über das bisher unbekannte Männchen von Psyche helix. in: Marburger Sitzber. 1866. p. 5—8. — Stettin. Entom. Ztg. 27. Jhg. 1866. p. 358—360. — Über das Männchen der Psyche helix (helicinella) nebst Bemerkungen über die Parthenogenese der Psychiden. (M. 1 Taf.) in: Ztschr. f. wiss. Zool. Bd. XVII. Hft. 3. 1867. p. 470—479.
1866. Eaton, A. E., Agamogenesis in Orgyia antiqua. in: Entomologist. Vol. 3. 1866—7. p. 104

1866. Gerstäcker, A., Fortpflanzungsfähige Insektenlarven. in: Ergänzungsbl., herausgegeb. v. Bibliograph. Instit. Hildburghausen. 1. 1866. p. 675.
(Referirend.)
1866. Häckel. Ernst. Generelle Morphologie der Organismen. 2. Band. Berlin, Reimer, 1866. Lex. 8.
('Monosporogonia regressiva.')
1866. Kessler, Herm. Fr., Die Lebensgeschichte von Centorhynchus sulcicollis Gyllenhal u. Nematus ventricosus Klug. Beitrag zur Kenntniss u. Vertilgung schädlicher Garteninsecten. Kassel. Krieger'sche Buchhdl., 1866. 8. (65 S.)
1866. Kornhuber, G. A., Generationswechsel u. Parthenogenesis im Thierreich. in: Schrift. z. Verbr. naturwiss. Kenntn. Wien. 5. Bd. (1864 65.) 1866. p. 341—376. — Alternate Generation and Parthenogenesis in the Animal Kingdom. Translated. in: Smithson. Report f. 1871. (1873.) p. 235—247.
(Referirend.)
1866. Lereboullet, A., Observations sur la génération et le développement de la Limnadie de Hermann (Limnadia Hermanni Ad. Brongn.). (Avec 1 Pl.) in: Ann. Sc. nat. 5. Sér. Zool. T. 5. 1866. p. 283—308.
1866. Mecznikow, Elias, Über die Entwicklung der viviparen Cecidomyienlarven, nebst Bemerkungen über den Bau u. die Fortpflanzung derselben. in: Ztschr. f. wiss. Zool. Bd. XVI. Hft. 4. 1866. p. 407—421.
1866. Schönfeld. Für die Parthenogenesis. in: Eichstädt. Bienen-Ztg. 22. Bd. 1866. p. 121—125.
(Gegen Pitra.)
1866. Siebold, C. Th. v., Ein Wort über die ägyptischen wahren Drohnenmütter. in: Eichstädt. Bienen-Ztg. 22. Bd. 1866. p. 8—9.
(Leeres receptaculum seminis bei Drohnenbrütigkeit.)
1866. Vogel, Friedr. Wilh., Die ägyptische Biene. III. in: Eichstädt. Bienen-Ztg. 22. Bd. 1866. p. 5—8.
1866. Bessels, Emil, Die Landois'sche Theorie widerlegt durch das Experiment. (Offenes Sendschreiben an C. Th. v. Siebold.) in: Ztschr. f. wiss. Zool. Bd. XVIII. Hft. 1. 1867. p. 124—141.
1867. Claparède, Ed., Notes sur la reproduction des pucerons. in: Ann. Sc. nat. 5. Sér. Zool. T. 7. 1867. p. 21—29.
1867. Gerstäcker, A., Bronn's Klassen und Ordnungen des Thierreichs. 5. Bd. Gliederfüssler. 4. Lfg. 1867. p. 164—177.
(Parthenogenesis.)
1867. Landois, H., Über das Gesetz der Entwicklung der Geschlechter bei den Insekten. (Vorl. Mitth.) in: Ztschr. f. wiss. Zool. Bd. XVII. Hft. 2. 1867. p. 375—379. — Ref. in: Schrift. d. k. phys.-ökon. Ges. Königsberg. 8. Jhg. 1867. Sitzber. p. 19. — Abstr. in: Ann. Mag. Nat. Hist. 3. Ser. Vol. 19. 1867. p. 224. — Note sur la loi du développement sexuel des Insectes. in: Compt. Rend. T. 64. 1867. p. 222—224.
1868. Müller, P. E., Bidrag til Cladocerernes Fortplantnings-historie. in: Forh. Skandin. naturf. 10. Møde. Christiania. (1868). 1869. p. 530—540. — (Med 1 Tab.) in: Naturhist. Tidsskr. 3. Raek. 5. Bd. 1868—69. p. 295—354 — Les Cladocères du Danemark et Contribution à l'histoire de la reproduction des Cladocères Extrait. in: Arch. Sc. phys. et nat. Genève. N. Pér. T. 37. 1870. p. 357—372.
1868. Müller, P. E., Danmarks Cladocera. (Med 6 Tab.) in: Naturhist. Tidsskr. 3. Raek. 5. Bd. 1868—69. p. 53—240; 355—356.
1868. Plateau, Études sur la Parthénogénèse. Thèse inaug. Gand. 1868.

1868. Weijenbergh, H., Eenige entomologische aanteekeningen. in: Tijdschr. v. Entom. Deel XI. 1868. p. 87—91.
(s. Solenobia triquetrella.)
1869. Balbiani, G., Mémoire sur la génération des Aphides. (Avec 1 Pl.) in: Ann. Sc. nat. 5. Sér. Zool. T. 11. 1869. p. 5—89. — Suite. (Avec 1 Pl.) ibid. T. 14. 1870. art. 2; 9. — Suite ibid. T. 15. 1872. art. 1; 4. — Biblioth. de l'école des hautes études. Sect. sc. nat. T. 3. 1870. art. 2; T. 4. 1871. art. 2—4.
(Enthält eine historische Einleitung.)
1869. Hensen, V., Über eine Züchtung unbefruchteter [Kaninchen]-Eier. in: Medic. Centralbl. 7. Jhg. 1869. p. 403—404.
1869. Hofmann, Ottmar, Beiträge zur Kenntniss der Parthenogenesis. in: Stett. Entom. Ztg. 30. Jhg. 1869. p. 299—303.
(Solenobia triquetrella u. pineti.)
1869. Nix, Arthur P., Agamic Reproduction of Sphinx ligustri. in: Entomologist. Vol. 4. 1868—9. p. 323.
1869. Siebold, C. Th. v., Über Pädogenesis bei Strepsipteren. in: Tagebl. d. 42. Vers. deutsch. Naturf. 1869. p. 145—146. — Stettin. Ent. Ztg. 31. Jhg. 1870. p. 243—244; 306. — Ztschr. f. wiss. Zool. Bd. XX. Hft. 2. 1870. p. 243—247.
1869. Siebold, C. Th. v., [Über Parthenogenesis bei Polistes.] in: Tagebl. d. 42. Vers. deutsch. Naturf. 1869. p. 71—72.
1869. Signoret, V., Phylloxera vastatrix, Hémiptère-homoptère de la famille des Aphidiens, cause prétendue de la maladie actuelle de la vigne. (Avec 1 Pl.) in: Ann. Soc. Ent. France. 4. Sér. T. 9. 1869. p. 549—596.
1870. Bassett, H. F., Note on Dimorphism of American Cynipidae, etc. in: Entomologist's Monthl. Mag. Vol. 7. 1870—71. p. 38—39.
1870. Curò, A., Della partenogenesi frai Lepidotteri. in: Atti Soc. ital. sc. nat. Vol. 13. 1870. p. 27—32.
(Referirend, aber auch nach mündlicher Mittheilung von Ghiliani Parthenogensis bei Aretia villica.)
1870. Grimm, Oscar, Die ungeschlechtliche Fortpflanzung einer Chironomus u. deren Entwicklung aus dem unbefruchteten Eie. (M. 3 Taf.) in: Mém. Acad. imp. St. Pétersbourg. 7. Sér. T. 15. 1870. no. 8. (24 S.) — Auch separ.: Leipzig. Voss. 1870. imp. 4. — On the agamic reproduction of a species of Chironomus, and its development from the unfecundated egg. (With 1 Pl.) in: Ann. Mag. Nat. Hist. 4. Ser. Vol. 8. 1871. p. 31—45; 106—115. — Note sur les Chironomus. in: Horae Soc. Ent. Ross. T. 9. (1872.) 1873. Bull. p. VII—IX.
(Diese Abhandlung erschien zuerst in russischer Sprache. — Die Original-Titel s. in meiner Bibl. Zool. p. 1703.)
1870. Kraatz, G., Siebold's Beobachtungen über Parthenogenesis bei Polistes gallica, sowie über Pädogenesis der Strepsipteren. in: Berlin. Entom. Ztschr. 14. Bd. 1870. p. 47—48.
(Referat.)
1870. Maasen, J. P., Muthmassliche Anzahl der Schmetterlinge, resp. Bemerkungen zu den Betrachtungen des Gerichtsraths Keferstein. in: Stettin. Entom. Ztg. 31. Jhg. 1870. p. 49—62.
(Orgyia ericae.)
1870. Mäklin, Fr. W., Om parthenogenesis eller jungfrulig fortplantning hos Polistes gallica. in: Öfv. Finsk. Vet. Soc. Forh. XII. (1869—70.) 1870. p. 112—118.
(Referat nach Siebold.)
1870. Munn, [Notes on the development of the larva of honey-bee.] in: Trans. Ent. Soc. London. 1870. Proc. p. XXIV—XXVIII.
(Negirend.)

1870. Passavant, Th., Parthenogenesis bei dem „Bürstenbinder". Orgyia antiqua. in: Zool. Garten. 11. Jhg. 1870. p. 328—331.
1870. Signoret, V., [Quelques faits nouveaux se rapportant à l'histoire de la Phylloxera vastatrix.] in: Ann. Soc. Ent. France. 4. Sér. T. 10. 1870. Bull. p. LX—LXI; LXXIII—LXXVI.
1870. Weijenbergh, H., Quelques observations de Parthénogénèse chez les Lépidoptères. in: Arch. néerl. sc. exact. et nat. T. 5. 1870. p. 258—264. — Ref. von Dohrn, Aus Parthenogonien. in: Stettin. Entom. Ztg. 32. Jhg. 1871. p. 28. — Ref. von Giebel. in: Ztschr. f. d. ges. Naturwiss. 37. Bd. 1871. p. 99.
(Liparis dispar: Gastropacha potatoria.)
1871. Curò, Antonio, Cenni intorno ad alcuni sperimenti istituiti allo scopo di tentare la verificazione dei casi di partenogenesi presso il bombice del moro. in: Atti Soc. ital. sc. nat. Vol. 14. 1871. p. 112—115.
1871. Hartmann, Aug., Die Kleinschmetterlinge der Umgebung Münchens und eines Theiles der bayerischen Alpen. München. Franz. 1871. 8. (96 S.)
(p. 10: Solenobia triquetrella u. lichenella.)
1871. Siebold, C. Th. v., Beiträge zur Parthenogenesis der Arthropoden. (Mit 2 Taf.) Leipzig, Engelmann. 1871. 8. (VIII. 239 S.) — Sulla partenogenesi negli Artropodi. Estratto. in: Bull. Soc. Ent. Ital. Anno 4. 1872. p. 121—129; 215—225.
1871. Siebold, C. Th. v., Über Parthenogenesis. in: Sitzungsber. d. Akad. d. Wissensch. München. I. Bd. 1871. p. 232—242.
(Besprechung seines Buches.)
1871. Siebold, C. Th. v., Sulla partenogenesi del Bombyx mori. Lettera alla Società entomologica italiana in: Bull. Soc. Ent. Ital. Anno 3. 1871. p. 411—412. — Atti e Mem. IV. Congresso bacol. intern. Rovereto. 1873. p. 599—601.
1872. Brauer, Frdr., Beiträge zur Kenntniss der Phyllopoden. (M. 1 Taf.) in: Wiener Sitzber. Math.-naturw. Cl. 65. Bd. 1. Abth. 1872. p. 279—211. — Auch separ.: Wien. (Gerold's Sohn). 1872. Lex. 8. (13 S.)
(Aus befruchteten Apus-Eiern entstehen Männchen.)
1872. Brischke, G., Beitrag zur Parthenogenesis (Nematus pavidus). in: Schrift. d. naturf. Ges. Danzig. N. F. 3. Bd. 2. Hft. 1872. (no. 7. p. 9.)
1872. Curò, Antonio, Ancora della partenogenesi del Bombyx mori. Lettera. in: Bull. Soc. Ent. Ital. Anno 4. 1872. p. 276—278.
1872. Derbès, Note sur les Aphidiens du Pistacier Térébinthe. in: Ann. Sc. nat. 5. Sér. Zool. T. 15. 1872. art. 8.
1872. Ebert, (G. R.), Über die Stellung der Parthenogenesis zu den übrigen Fortpflanzungsarten und die verschiedenen Arten von Parthenogenesis nach den Darstellungen von Dr. Georg Seidlitz in Dorpat. in: Sitzber. d. Ges. Isis. Dresden. Jhg. 1872. (1873.) p. 108.
1872. Gerstäcker, A., Über eine knollenförmige Galle d. Cynips quercus radicis Fab. in: Sitzber. d. Ges. naturf. Freunde. Berlin. April 1872. p. 43—44.
(Agame Gallwespen.)
1872. Gervais, Paul, Le Phylloxera vastatrix et la maladie actuelle des vignes. in: Journ. d. Zool. (Gervais.) T. 1. 1872. 112—120. — Auszug in: Landw. Centralbl. f. Deutschland. 20. Jhg. 1872. II. Bd. p. 41—42.
1872. Girard, Maurice, Sur quelques faits pour servir à l'étude de la parthénogénésie. in: Ann. Soc. Ent. France. 5. Sér. T. 2. 1872. Bull. p. LXII.
(Attacus Cynthia.)
1872. Oellacher, Die Veränderungen des unbefruchteten Keimes des Hühnereies im Eileiter und bei Bebrütungsversuchen. (M. 3 Taf.) in: Ztschr. f. wiss. Zool. Bd. XXVI. 2. Hft. 1872. p. 181—234.

1872. Seidlitz, G., Die Parthenogenesis u. ihr Verhältniss zu den übrigen Zeugungsarten im Thierreiche. Leipzig. Bidder. 1872. 8. (31 S.)
1872. Siebold, Carlo de, Intorno alla partenogenesi riconosciuta nelle farfalle da antichi Italiani. Notizia. in: Bull. Soc. Ent. Ital. Anno 4. 1872. p. 384—388.
1872. Ulivi, P. Giotto, Esame critico delle teorie sulla partenogenesi delle api. in: Industriale ital.. Rivista agricola industr. e commerc. d'Italia. Anno VI. 1872. p. 144—152. — Rivista d'Agricolt. (Rusconi) Anno IV. 1872. p. 61—76. — Auch separ.: Forli, Febo Gherardi edit., 1872. 8. (Tit., 9 p.) — Extr. in: Pet. Nouv. Ent. Vol. 1. No. 61. 1872. p. 245. — Examen critique des theories sur la parthénogénèse des abeilles. (Trad par C. Kanden.) in: L'Apiculteur. 24. Année 1880. p. 52—56; 76—79; 139—143; 173—176; 205—207.
1872. — Il volo d'amore e la partenogenesi delle api. in: Agricoltore di Lucca. Anno VIII. 1872. p. 101—107. — Bollett. Comizio agrar. di Rovigo. Anno III. 1872. p. 100—110. — Industriale ital. Anno VI. 1872. p. 202—205.
1872. — Ancora sul volo d'amore e sulla partenogenesi delle api. Replica al Sig. Bossi-Fedrigotti Filippo di Rovereto. in: Agricoltore di Lucca. Anno VIII. 1872. p. 197—204.
(Noch verschiedene andere Schriften dieses Autors, welche sich gegen die Parthenogenesis wenden, s. in meiner Bibl. Zool. 3. Bd. 1890. p. 2345—2346.)
1873. Balbiani, G., Sur la reproduction du Phylloxera du chêne. in: Compt. Rend. T. 77. 1873 p. 830—834; 884—890. — Observations sur la reproduction du Phylloxera du chêne. in: Biblioth. de l'école des hautes études. Sect. sc. nat. T. 9. 1874. art. 7. — Ann. Sc. nat. 5. Sér. Zool. T. 19. 1874. art. 12.
1873. Bassett, H. F., On the habits of certain gall insects of the genus Cynips. in: Canad. Entomologist. Vol. 5. 1873. p. 91—94. — Entomologist. Vol. 6. 1872—3. p. 448—452. — Abstr. in: Trans. Ent. Soc. London. 1873. Proc. f. 1873. p. XV—XVI. — Amer. Naturalist. Vol. 8. 1874. p. 563.
1873. Perty, Maxim., Über Parthenogenesis im Thierreiche. in: Mitth. d. naturf. Ges. Bern. (1873.) 1874. Abh. p. 71—85.
(Referirender Vortrag.)
1873. Riley, V., Controlling sex in Butterflies. in: Amer. Naturalist. Vol. 7. 1873. p. 513—521.
(p. 519 werden Bassett's Beobachtungen über Generationswechsel bei Cynipiden citirt.)
1873. Siebold, C. Th. v., Nuove osservazioni sulla partenogenesi del Bombyx mori Lin. in: Bull. Soc. Ent. Ital. Anno 5. 1873. p. 271—273.
1873. Siebold, C. Th. v., Über Parthenogenesis der Artemia salina. in: Sitzber. d. math.-phys. Cl. d. bayerisch. Akad. d. Wiss. München. 3. Bd. 1873. p. 168—196.
1873. Signoret, V., Du Phylloxera et de son évolution. in: Compt. Rend. T. 77. 1873. p. 343 —346. — Extr. in: Act. Soc. Linn. de Bordeaux. T. 29. (3. Sér. T. 9.) 1873. p. LXXXVIII —LXXXIX.
1873. Verson, E., Sulla partenogenesi nel Bombice del gelso. in: Annuario R. Staz. bacol. sperim. Padova. 1873. p. 45. — Rivista settim. di bachicolt. Anno V. 1873. p. 121—122
1874. Balbiani, G., Sur l'existence d'une génération sexuée hypogée chez le Phylloxera vastatrix in: Compt. Rend. T. 79. 1874. p. 991—993.
1874. Balbiani, G., Observations sur la réproduction du Phylloxera de la vigne. in: Compt. Rend. T. 79. 1874. p. 1371—1384.
1874. Berg, C., El bicho de cesto. in: Bolet. Acad. nac. cienc. exact. Córdova. T. 1. 1874. p. 81 —95. — Über bicho canastro (Oiketicus Kirbyi Guild). in: Stettin. Ent. Ztg. 35. Jhg. 1874. p. 230—237. — Auszug. in: Entom. Nachricht. 1. Jhg. 1875. p. 190—193.
(Exceptionelle Thelytokie bei dieser Psychide.)

1874. Forel, Aug., Les fourmis de la Suisse etc. (Avec 2 Pl.) in: Neue Denkschr. d. allg. Schweiz. Ges. f. d. ges. Naturw. 26. Bd. 1874. (480 S.) — Auch separ.: Zürich, (Basel, Genève), Georg, 1874. gr. 4. (IV. 457 S.) (p. 228.)

1874. Leuckart, Rud., Die Fortpflanzung der Blatt- und Rindenläuse. in: Mitth. landw. Inst. Leipzig. (Blomeyer.) 1. Hft. 1874. p. 116—148.

1874. Siebold, Carlo de, Novella lettera sulla partenogenesi del Bombyx mori Lin. all' ingegnere signor Antonio Curò, in: Bull. Soc. Ent. Ital. Anno 6. 1874. p. 219—224. — Sulla partenogenesi del Bombyx mori. in: Bollett. di Bachicolt. Padova. Anno I. 1874. p. 97—102. — Rivista settim. di bachicolt. Anno V. 1873. p. 178; Anno VI. 1874. p. 145—146. — La Sericoltura. Firenze. 2. Ser. Anno III. 1874. p. 149—151; 157—159.

1874. Ulivi, P. Giotto, La partenogenesi e semipartenogenesi delle api. Firenze e Roma, tipografia Cenniniana, 1874. 8. (24 p.) — La parthénogénèse et la semiparthénogénèse des abeilles. (Trad. par C. Kanden.) in: L'Apiculteur. 23. Année. 1879. p. 173—176; 237—240; 275—279.

1875. Kurz, Wilh., Dodekas neuer Cladoceren nebst einer kurzen Übersicht der Cladocerenfauna Böhmens. (M. 3 Taf.). in: Wiener Sitzber. Math.-naturw. Cl. 70 Bd. 1. Abth. 1875. p. 7—88. — Auch separ.: Wien. (Gerold's Sohn). 1876. Lex. 8. (82 S.)
(Züchtung von Männchen durch Wasserentziehung.)

1875. Lichtenstein, Jules, Zur Biologie der Gattung Phylloxera. in: Stettin. Entom. Ztg. 36. Jhg. 1875. p. 355—360.

1875. Nitsche, H., Über die Eintheilung der Fortpflanzungsarten im Thierreich und die Bedeutung der Befruchtung. in: Sitzber. d. naturf. Ges. Leipzig. 2. Jhg. 1875. p. 88—96.

1875. Sales-Girons, Sur la parthénogénèse ou la génération virginale des insectes. in: Rev. méd. franç. et étrang. Paris. 1875. I. p. 137—141.

1875. Schmankewitsch, W. J., Über das Verhältniss der Artemia salina Milne Edw. zu Artemia Milhauseni Milne Edw. und das Genus Branchipus Schäff. (M. 1 Taf.) in: Ztschr. f. wiss. Zool. Bd. XXXV. Suppl. 1875. p. 103—116. — Ausserdem vielfach übersetzt und referirt. (cfr. Bibl. Zool. II. p. 1209—1210.)

1876. Balbiani, G., Sur la parthénogénèse du Phylloxera, comparée à celle des autres Pucerons. in: Compt. Rend. T. 83. 1876. p. 205—209.

1876. Balbiani, G., Mémoire sur la reproduction du Phylloxera du chêne. in: Mém. présent. par divers savants à l'Acad. d. sc. de France. Sc. math. et phys. T. 22. 1876. (21 p.)

1876. Goossens, Th., Expériences sur la reproduction consanguine de la Lasiocampa pini. in: Ann. Soc. Ent. France. 5. Sér. T. 6. 1876. p. 429—432. — Reproduzione tra consanguinei nella Lasiocampa pini. Estratto. in: Bull. Soc. Ent. Ital. Anno 9. 1877. p. 347—348.
(Parthenogenesis bei Lasiocampa pini.)

1876. Greeff, R., Über den Bau und die Entwickelung der Echinodermen. 5. Mitth. in: Marburger Sitzber. 1876. — 1. Parthenogenesis bei den Seesternen [Asteracanthion rubens]. p. 83—85.
(Entwicklung bis zur Blastula.)

1876. Inglis, D., On the various modes of generation, especially parthenogenesis. in: Detroit Rec. Med. a. Pharm. XI. 1876. p. 67—74.

1876. Siebold, C. Th. v., Über die in München gezüchtete Artemia fertilis aus dem grossen Salzsee von Utah. in: Verh. d. Schweiz. naturf. Ges. Basel. 59. Vers. (1876.) 1877. p. 267—280.

1876. Susani, G. e E. Bettoni, Della partenogenesi nel baco da seta. in: Bollett. di bachicolt. Padova. 1876. p. 64—96.

1876. Weismann, Aug., Zur Naturgeschichte der Daphniden. I. Über die Bildung von Wintereiern bei Leptodora hyalina. (Mit 3 Taf.) in: Ztschr. f. wiss. Zool. Bd. XXVII. Hft. 1. 1876. p. 51—112. — Auch separ.: Leipzig, Engelmann. 1876. 8. (64 S.)

1876—77. Lichtenstein, Jules, Weitere Beiträge zur Geschichte der Phylloxera. in: Stettin. Entom. Ztg. 37. Jhg. 1876. p. 231—232; 386—388; 38. Jhg. 1877. p. 71—75.

1877. Adler, H., Beiträge zur Naturgeschichte der Cynipiden. in: Deutsche Entom. Ztschr. 21. Bd. 1877. p. 209—248. — Auszug in: Entom. Nachricht. 3. Jhg. 1877. p. 151—154. — Heterogeny in the Gallflies. (Abstr.) in: Popul. Sc. Review. X. Ser. Vol. 1. 1877. p. 325.

1877. Bassett, H. F., Agamic reproduction among the Cynipidae. in: Proc. Amer. Assoc. Adv. Sc. 26. Meet. (1877.) 1878. p. 302—306.

1877. Dalla Torre, Karl v., Entomologische Beobachtungen. in: Entom. Nachricht. 3. Jhg. 1877. p. 33—37; 117—119.
(p. 36: Parthenogenesis bei Smerinthus populi.)

1877. Dewitz, H., Über Bau und Entwickelung des Stachels bei Ameisen. (M. 1 Taf.) in: Ztschr. f. wiss. Zool. Bd. XXVIII. Hft. 4. 1877. p. 527—556.
(Die Arbeiter sollen regelmässig Eier legen.)

1877—88. Fletcher, J. E., Note on Dimorphism and alternation of generations in Cynipidae. in: Entomologist's Monthl. Mag. Vol. 14. 1877—8. p. 265. — Additional notice. ibid. Vol. 15. 1878—9. p. 12.
(Neuroterus numismatis. — Spathegaster vesicatrix.)

1877—79. Weismann, Aug., Beiträge zur Naturgeschichte der Daphniden. Th. II—VII. (Mit 12 Taf.) in: Ztschr. f. wiss. Zool. Bd. XXVIII. Hft. 1 u. 2. 1877. p. 93—254; Bd. XXX. Suppl. Hft. 1. 1878. p. 123—164; Bd. XXXIII. Hft. 1 u. 2. 1879. p. 55—264. — Auch separ. (mit obiger Abh. (1876) als Th. I zusammen): Leipzig, Engelmann. 1876—79. 8. (XVI, 486 S.)

1878. Balbiani, (G.), La parthénogenèse. (Avec grav.) in: Journ. de microgr. Paris. 2. Année. 1878. p. 53—60.

1878. Cameron, P., On Parthenogenesis in the Tenthredinidae, and alternation of generations in the Cynipidae. in: Entomologist's Monthl. Mag. Vol. 15. 1878—9. p. 12—13. — Parthenogenesis einer Blattwespe. [Poecilosoma pulveratum.] Auszug. in: Entom. Nachricht. 4. Jhrg. 1878. p. 188.

1878. Girard, M., Sur les pontes des abeilles. in: Compt. Rend. T. 87. 1878. p. 755—756. — Ann. Soc. Ent. Franc. 5. Sér. T. 8. 1878. Bull. p. CXLI—CXLII. — Bull. de l'apicult p. la Suisse romande. 1. Année. 1879. p. 38—39.
(Gegen die Dzierzon'sche Theorie.)

1878. Huxley, Thomas H., Grundzüge der Anatomie der wirbellosen Thiere. Autorisirte deutsche Ausgabe von J. W. Spengel. Mit 179 Holzschn. Leipzig, Wilh. Engelmann, 1878. 8. (XIV, 618 S.)
(Wünscht den Ausdruck Parthenogenesis beschränkt auf die Fälle, wo das sich fortpflanzende Thier ein vollkommenes Weibchen im Gegensatz zu solchen mit unvollkommenen Geschlechtsorganen ist. p. 392.)

1878. Perez, J., Mémoire sur la ponte de l'abeille reine et la théorie de Dzierzon. in: Ann. Sc. nat. 6. Sér. Zool. T. 7. 1878. art. 18. (22 p.) — Auch separ.: Paris, impr. Martinet, 1879. 8. (22 p.) — Observations sur la parthénogenèse de l'abeille-reine, infirmant la théorie de Dzierzon. in: Act. Soc. Linn. de Bordeaux. T. 32. (4. Sér. T. 2.) 1878. p. LXV. — On the oviposition of the Queen-Bee and Dzierzon's Theory. in: Ann. Mag. Nat. Hist. 5. Ser. Vol. 2. 1878. p. 428—429.

1878. Perez, J., Sur la ponte de l'abeille reine et la théorie de Dzierzon. in: Compt. Rend. T. 87. 1878. p. 408—410. — Les Mondes. T. 47. 1878. p. 176. — Revue scientif. 8. Année. T. 15. 1878. p. 287. — L'Apiculteur. 22. Année. 1878. p. 344—346. — Bull. d'apicult. p. la Suisse romande. 1. Année. 1879. p. 36—37. — Bull. Soc. d'apicult. de la Gironde. 2. Année. 1878. p. 171—188. — Auch separ.: Bordeaux, impr. typogr. de J. Durand, 1878. 8. (20 p.) (Gegen Girard.)

1878. Sanson, A., Note sur la parthénogénèse chez les abeilles. in: Ann. Sc. nat. 6. Sér. Zool. T. 7. 1878. art. 19. (14 p.) — Compt. Rend. T. 87. 1878. p. 659—661. — Bull. d'apicult. p. la Suisse romande. 1. Année. 1879. p. 37—38. — On Parthenogenesis in Bees. in: Ann. Mag. Nat. Hist. 5. Ser. Vol. 2. 1878. p. 497—498.

1878. Whitman, C. O., Über die Embryologie von Clepsine. in: Zool. Anzeiger. 1. Jhg. 1878. p. 5—6. — The Embryology of Clepsine. An Inaugural Dissertation. Leipzig. in: Quart. Journ. Micr. Sc. N. Ser. Vol. 18. 1878. p. 215—315.
(Möglichenfalls Parthenogenesis bei Clepsine.)

1879. Fabre, J. H., Étude sur les moeurs et la parthénogénèse des Halictes. in: Ann. Sc. nat. 6. Sér. Zool. T. 9. 1879. art. 4. (27 p.) — Extr. in: Compt. Rend. T. 89. 1879. p. 1079—1081.

1879. Grobben, C., Die Entwickelungsgeschichte der Moina rectirostris. Zugleich ein Beitrag zur Kenntniss der Anatomie der Phyllopoden. in: Arb. a. d. Zool. Inst. Wien u. Triest. T. II. Hft. 2. 1879. (66 p.)
(Darin: Theoretische Betrachtungen 3 u. 4. p. 44—49. — Die Entstehung der Cercarien wird aus parthenogenetisch sich entwickelnden Eiern abgeleitet.)

1879. Karsch, F., Parthenogenesis u. Dimorphismus der Gallwespen. (Auszug aus Adler's Arbeit.) in: Naturforscher (Sklarek). 1879. p. 94—96.

1879. Osborne, J. A., Parthenogenesis in a beetle. in: Nature. Vol. 20. 1879. p. 430; Vol. 22. 1880. p. 509—510. — Parthenogenesis bei Käfern. [Auszug.] in: Entom. Nachricht. 7. Jhg. 1881. p. 31—32.

1879. Pearce, W. G., Parthenogenesis in a Moth. [Liparis dispar.] in: Entomologist. Vol. 12. 1879. p. 229—230.

1879. Perez, J., Reflexion sur les observations de M. Matter, de Payerne (Suisse), à propos de la théorie de Dzierzon. in: Act. Soc. Linn. de Bordeaux. T. 33. (4. Sér. T. 3.) 1879. p. VI. — La théorie de Dzierzon in: Bull. Soc. d'apicult. de la Gironde. 3. Année. 1879. p. 92—99; 4. Année. 1880. p. 122—128; 173—178; 187—192. — La théorie de Dzierzon et les ouvrières pondeuses. Réponse à M. Vinney. in: L'Apiculteur. 23. Année. 1879. p. 38—40. — The theory of Dzierzon. in: Amer. Bee Journ. Vol. 15. 1879. p. 325—326.

1879. Stein, Rich. v., Ein neuer Fall von Parthenogenesis bei den Blattwespen. in: Entom. Nachricht. 5. Jhg. 1879. p. 293—299.
(Dineura rufa.)

1880. Beijerink, M. W., Ein Beleg zu der von Dr. Adler entdeckten Heterogonie von Cynipiden. in: Zool. Anzeiger. 3. Jhg. 1880. p. 179—180.
(Biorhiza aptera — Andricus terminalis.)

1880. Balbiani, G., Über die sogenannte Jungferngeburt (Parthenogenesis). in: Kosmos (Krause). 4. Jhg. 4. Hft. 1880. p. 307—310.
(Aus des Verf.'s: Leçons sur la génération des Vertébrés.)

1880. Cameron, P., Notes on the Coloration and Development of Insects. in: Trans. Ent. Soc. London. 1880. p. 69—79.
(III. On Parthenogenesis in Tenthredinidae. p. 76: Nematus miliaris, Strongylogaster cingulatus, Phyllotoma nemorata, Hemichroa rufa.)

1880. Dilling, Gustav. Uber die verschiedenen Arten der Fortpflanzung im Thierreiche nach dem gegenwärtigen Stande der gonologischen Forschung. Hamburg, Hoffmann u. Campe. 1880. 4. (Tit., 90 S.)
(Paedogenesis. — Parthenogenesis u. ihre Arten: p. 70—79.)
1880. Fabre, J. H., Mœurs et parthénogénèse des Halictes. in: Guide d. Naturalist. (Bouvier) 2. Année. 1880. p. 27—28. — Rev. internat. d. sciences. T. V. 1880. p. 83. — On the Habits and Parthenogenesis in the Halicti. in: Ann. Mag. Nat. Hist. 5. Ser. Vol. 5. 1880. p. 194—196.
1880. Fletcher, J. E., On Parthenogenesis in Tenthredinidae and alternation of generations in Cynipidae. in: Entomologist's Monthl. Mag. Vol. 16. 1879—80. p. 269—270; Vol. 17. 1880—81. p. 21.
(Nematus curtispina u. palliatus.)
1880. Hagens, H., The probable Parthenogenesis of Cecidomyia destructor. in: North Amer. Entomologist. Vol. 1. no. 9. 1880. p. 65—66. — Abstr. in: Americ. Entomologist. Vol. 3. 1880. p. 127.
1880. Minot, Charles Sedgwick, A sketch of comparative Embryology. I. The history of the gonoblast and the theory of sex. — II. The fertilization of ovum. in: Amer. Naturalist. Vol. 14. 1880. p. 96—108; 242—249.
1880. Müller, Willh., Beitrag zur Kenntniss der Fortpflanzung u. der Geschlechtsverhältnisse der Ostracoden nebst Beschreibung einer neuen Species der Gattung Cypris. Inaug.-Diss. Philos. Facult. Greifswald. Greifswald, Druck von C. Sell, 1880. 8. (Tit., 28 S.) — Dass. (M. 2 Taf.) in: Zeitschr. f. d. ges. Naturwiss. 53. Jhg. (3 F. 6. Bd.) 1880. p. 221—246.
1880. Osborne, J. A., Some facts in the life-history of Gastrophysa raphani. in: Entomologist's Monthl. Mag. Vol. 17. 1880—1. p. 49—57; 127—130.
1880. Ulivi, G., Raccolta dei cinque più interessanti studi contro la partenogenesi. 3ª ediz. Torino, 1880.
1880. Weismann, Aug., Parthenogenese bei den Ostracoden. in: Zool. Anzeiger. 3. Jhg. 1880. p. 82—84.
1881. Adler, H., Über den Generationswechsel der Eichen-Gallwespen. (M. 3 Taf.) in: Ztschr. f. wiss. Zool. Bd. XXXV. Hft. 2. 1881. p. 151—246. — Auszug. in: Entomol. Nachricht. 7. Jhg. 1881. p. 122. — Abstr.: Alternation of Generation in the Cynipidae. in: Journ. Micr. Soc. 2. Ser. Vol. 1. 1881. p. 443—444. — Extr.: Sur l'alternance des générations chez les Gallinsectes. in: Arch. Zool. expérim. T. 9. 1881. Notes. p. XVII—XXII. — Researches on the Alternating Generation of the Gall-flies of the Oak. in: Ann. Mag. Nat. Hist. 5. Ser. Vol. 8. 1881. p. 281—288.
1881. [Adler, H.], Les Cynipides. 1. Partie. Introduction. — La Génération alternante chez les Cynipides par le Dr. H. Adler. Traduit et annoté par J. Lichtenstein, suivie de la Classification des Cynipides d'après le Dr. G. Mayr de Vienne. Montpellier, Conlet; Paris, J. B. Baillière et fils, 1881. 8. (141 p., avec 3 Pl.) — Extr. in: Rev. sc. nat. Montpellier. 3. Sér. T. 1. 1884. p. 369—372.
1881. Cameron, P., On Parthenogenesis in the Tenthredinidae. in: Entomologist's Monthl. Mag. Vol. 17. 1880—81. p. 271—272.
(Eriocampa ovata, Poecilosoma pulveratum, Nematus pavidus, Taxonus glabratus.)
1881. Fletcher, J. E., On Parthenogennsis in Tenthredinidae. in: Entomologist's Monthl. Mag. Vol. 18. 1880—81. p. 180; Vol. 18. 1881—82. p. 127. — Parthenogenesis bei Tenthredinidae. [Auszug.] in: Entom. Nachricht. 8. Jhg. 1882. p. 24.
(Hemichroa rufa — thelytok; Croesus varius — thelytok; Nematus salicis — arrenotok.)

1881. Hensen, V., Physiologie der Zeugung. — VII. Capitel. III. Zeugung aus unbefruchteten Eiern oder Parthenogenesis. p. 160—170.
(Aus „Handbuch der Physiologie", herausgegeben von L. Hermann. 6. Bd. II. Theil. Leipzig, Vogel, 1881.)

1881. Osborne, J. A., Further Notes on Parthenogenesis in Coleoptera. in: Entomologist's Monthl. Mag. Vol. 18. 1881—2. p. 128—129. — Fernere Mittheilungen über Parthenogenesis bei Coleopteren. [Auszug.] in: Entomol. Nachricht. 8. Jhg. 1882. p. 23—24.

1881. Stein, Rich. v., Tenthredinologische Studien. I. Die Parthenogenesis von Hylotoma rosa[e] L. in: Entom. Nachricht. 7. Jhg. 1881. p. 288—294.

1881. Ulivi, G., Nuove nozioni di fisiologia apistica ossia gli alveoli delle api e i loro effetti. 2ª ediz. Forlì, 1881. — Auszug. in: Entom. Nachricht. 11 Jhg. 1885. p. 107.

1882. Berlese, A., Il Polimorfismo e la Partenogenesi di alcuni Acari. in: Bull. Soc. Ent. Ital. Anno 13. 1882. p. 290—292; Anno 14. 1882. p. 88—140. — Polymorphisme et parthénogénèse de quelques Acariens. (Gamasides.) (Avec 1 Pl.) in: Arch. ital. de Biol. T. 2. 1882. p. 108—130. — Polymorphism and Parthenogenesis in Acari. Abstr. in: Journ. Roy. Micr. Soc. 2. Ser. Vol. 3. 1882. p. 209—210.

1882. Cameron, Pet., A Monograph of the British Phytophagous Hymenoptera. (Tenthredo, Sirex a. Cynips Linné.) Vol. 1. London, printed for the Ray Society, 1882. 8. (VII, 340 p., with 21 Pl.)
(Darin [p. 25—30] Parthenogenesis mit ausschliesslich weiblicher Nachkommenschaft ist für die Blattwespen vortheilhafter als wenn auch Männchen erzeugt würden.)

1882. Grobben, Carl, Doliolum und sein Generationswechsel nebst Bemerkungen über den Generationswechsel der Acalephen, Cestoden und Trematoden. (Mit 5 Taf. u. 2 Holzsch.) in: Arb. a. d. Zool. Inst. Wien u. Triest. T. IV. Hft. 2. 1882. (98 p.)
(Der sog. Generationswechsel der Trematoden' (p. 93—95).: Heterogonie mit parthenogenesirender Zwischengeneration.)

1882. Jobert, Recherches pour servir à l'histoire de la génération chez les Insectes. in: Compt. Rend. T. 93. 1882. p. 975—977. — Development of Adoxus vitis. Abstr. in: Journ. Roy. Micr. Soc. 2. Ser. Vol. 2 1882. p. 39.

1882. Osborne, J. A., On some points in the Economy of Zaraea fasciata. in: Entomologist's Monthl. Mag. Vol. 19. 1882—3. p. 97—100.
(Parthenogenesis bei der genannten Art.)

1882. Pflüger, E., Über die das Geschlecht bestimmenden Ursachen und die Geschlechtsverhältnisse der Frösche. in: Arch. f. d. ges. Phys. 29. Bd. 1882. p. 13—40.
(Auch die Fortpflanzung der Bienen berührt.)

1882. Rolph, W. H., Biologische Probleme zugleich als Versuch einer rationellen Ethik. Leipzig, Engelmann. 1882. 8. (VI. 174 S.)

1882. Sograff, N., Zur Embryologie der Chilopoden. Vorl. Mitth. in: Zool. Anzeiger. 5. Jhg. 1882. p. 582—585.
(Für Geophilus proximus wird eine Parthenogenesis angenommen, weil drei daranfhin untersuchte Weibchen ein leeres recept. seminis hatten.)

1883. Beneden, Ed. van, Recherches sur la maturation de l'œuf, la fécondation et la division cellulaire. (Avec 14 Pl.) Gand et Leipzig, Clemm; Paris, Masson; (Leipzig, Engelmann), 1883. 8. (442 p.)

1883. Campbell, F. Maule, On a probabe Case of Parthenogenesis in the House-Spider (Tegenaria Guyonii). in: Journ. Linn. Soc. London. Zool. Vol. 16. 1883. p. 536—539.

1883. Düsing, Karl, Die Factoren, welche die Sexualität entscheiden. Diss. Philos. Facult. Jena. Jena, Gustav Fischer. 1883. 8. (IV. 37 S.)
(Thelytokie wird bedingt durch Nahrungsüberfluss.)

1883. Fletcher, J. E., Notes on Tenthredinidae. in: Entomologist's Monthl. Mag. Vol. 19. 1882—3. p. 206—207.
(Nematus melanocephalus, nicht salicis, wie 1881 angegeben ist.)
1883. Henking, H., Beiträge zur Anatomie, Entwicklungsgeschichte und Biologie von Trombidium fuliginosum Herm. (Mit 3 Taf.) in: Ztschr. f. wiss. Zool. Bd. XXXVII. Hft. 4. 1883. p. 553—563. — Abstr. in: Journ. Roy. Micr. Soc. 2. Ser. Vol. 3. 1883. p. 110—211.
(Parthenogenesis vermuthet, weil einige Weibchen 4—6 Wochen, nachdem sie sämmtliche Eiervorräte abgelegt hatten, nochmals Eier absetzten, während das receptaculum seminis leer befunden wurde.)
1883. Joliet, Lucien, Monographies des Melicertes. in: Arch. Zool. expérim. 2. Sér. T. 1. 1883. p. 131—224.
(Parthenogenesis, aber ohne Einfluss auf Winter- oder Sommereier.)
1883. Korotneff, A., Knospung der Anchinia. in: Zool. Anzeiger. 6. Jhg. 1883. p. 483—487. — Protok. d. Sitz. d. zool.-anthropol. Sect. d. Naturforscher-Versammlung. Odessa.
(Spricht gewisse grosse Zellen als parthenogenetisch sich entwickelnde Eier an.)
1883. Lubbock, John, Ameisen, Bienen u. Wespen. Beobachtungen über die Lebensweise der geselligen Hymenopteren. Mit 31 Holzsch. u. 5 lith. Taf. Autorisirte Ausgabe. Leipzig, Broekhaus. 1883. 8. (Internat. wiss. Bibl. LVII. Bd.)
1883. Osborne, J. A., Some further observations on the Parthenogenesis of Zaraea fasciata, and on the Embryology of that species and of Rumia crataegata. in: Entomologist's Monthl. Mag. Vol. 20. 1883—4. p. 145—148. — A Postscript concerning Parthenogenesis in Zaraea fasciata. ibid. Vol. 21. 1884—5. p. 128—129.
1883. Stein, Rich. v., Tenthredinologische Studien. 2. Zur Kenntniss der Parthenogenesis der Blattwespen. in: Entom. Nachrichten. 8. Jhg. 1883. p. 1—8.
(Lophyrus similis Hrtg. — Larven starben.)
1883. Uljanin, B., Einige Worte über Fortpflanzung des Doliolum und der Anchinia. in: Zool. Anzeiger. 6. Jhg. 1883. p. 585—591.
(Erklärt die von Korotneff als parthenogenetisch sich entwickelnden Eier für Blutkörperchen.)
1883—84. Renter, O. M., De nyaste upptäckterna inom insekternas utvecklingshistoria. in: Öfvers Finsk. Vet.-Soc. Förh. XXVII. (1883—84.) 1884. p. 223—250.
(Referat über die neuesten Entdeckungen auf dem Gebiete der Fortpflanzungsgeschichte von Phytophthires, Cynipiden u. Tenthrediniden.)
1884. Boiteau, P., Sur les générations parthénogénésiques du Phylloxera. in: Compt. Rend. T. 97. 1884. p. 1180—1183.
1884. Düsing, Carl, Die Regulirung des Geschlechtsverhältnisses bei der Vermehrung der Menschen, Thiere und Pflanzen. (M. 4 Tabell.) in: Jenaische Zeitschr. 17. Bd. (N. F. 10. Bd.) 1884. p. 593—940.
(Darin besondess das Kapitel: Thelytokie. p. 789—798.)
1884. Forel, Aug., Études myrmécologiques en 1884, avec une description des organes sensoriels des antennes. (Avec 1 Pl.) in: Bull. Soc. vaud. sc. nat. T. 20. no. 91. 1885. p. 316—318.
(Arrenotokie.)
1884. Hartmuth, Th., Parthenogenesis bei Seidenspinnern. in: Isis. 9. Jhg. 1884. p. 105.
(Saturnia Pernyi u. Yamamaju.)
1884. Korotneff, A., Noch etwas über die Anchinia. in: Zool. Anzeiger. 7. Jhg. 1884. p. 89—90.
(Verwahrt sich gegen den Vorwurf Uljanius, Blutkörperchen mit Eizellen verwechselt zu haben.)
1884. Plate, L., Zur Kenntnis der Rotatorien. (Vorl. Mitth.) in: Zool. Anzeiger. 7. Jhg. 1884. p. 573—576.
(Befruchtung kommt bei Hydatina senta überhaupt nicht zu Stande; jedenfalls aber hat die Befruchtung keinen bestimmten Einfluss auf die Art der Eier.)

1884. Schoch, Gust., Ephemerella ignita Poda, eine pädogenetische Eintagsfliege. in: Mitth. d. Schweiz. entom. Ges. 7. Bd. (1887.) Hft. 2. 1884. p. 48—50.
(Eine Nymphe der genannten Art entleerte Eier unter dem Drucke eines Deckgläschens.)

1884. Siebold, C. Th. v., Vorläufige Mittheilung über Parthenogenese bei Tenthrediniden und bei einer Ichneumonidenspecies [Panisens glaucopterus]. in: Entom. Nachricht. 10. Jhg. 1884. p. 93—95.
(Es werden 19 Arten genannt, bei denen P. mit verschiedenem Geschlechte der Nachkommen constatirt wurde.)

1885. Beijerinck, M. W., Die Galle von Cecidomyia poae an Poa nemoralis. Entstehung normaler Wurzeln in Folge der Wirkung eines Gallenthieres, in: Botan. Ztg. 43. Jhg. 1885. p. 305—315; 321—332.
(Wegen Seltenheit der Männchen wird Parthenogenesis vermuthet.)

1885. Cameron, P., On Parthenogenesis in Tenthredinidae. in: Entomologist's Monthl. Mag. Vol. 21. 1884—5. p. 103—104.
(Nematus appendiculatus, ruficornis, compressicornis, cadderensis, conductus; Croesus septentrionalis, varius; Cladius padi, rufipes; Abia nitens; Trichiosoma lucorum; Hylotoma ustulata; Lophyrus pini.)

1885. Fabre, J. H., Études sur la répartition des sexes chez les Hyménoptères. in: Ann. Sc. nat. 6. Sér. Zool. T. 17. 1885. art. 9. (53 p.)
(Misstrauen gegen die Siebold'sche Lehre von der Parthenogenesis bei Bienen. 'Venant de l'Allemagne cette théorie ne peut que m'inspirer profonde méfiance.' — cfr. Bertkau, Phil. Sitzber. d. niederrhein. Ges. f. Natur- u. Heilkunde. 1886. p. 134.)

1885. Göldi, Emil A., Aphorismen, neue Resultate und Conjecturen zur Frage nach den Fortpflanzungsverhältnissen der Phytophtiren [sic!] enthaltend. Schaffhausen, Buchdruckerei von Friedrich Rothermel. 1885. 8. (9 S.)
(Künstliche Zucht geflügelter Aphiden durch Nahrungsentziehung.)

1885. Hoffer, Ed., Biologisches über Aphomia colonella L. in: Kosmos. 16. Bd. 1885. p. 109—113.
(Aus unbefruchteten Eiern entwickelten sich Raupen.)

1885. Keller, C., Beobachtungen auf dem Gebiete der Forstentomologie. III. Mitth. Über das Auftreten der Fichtenquirl-Schildlaus (Lecanium racemosum Ratzb.). in: Ztschr. Schweiz.-Forstwesen. 10. Bd. 1885. p. 10—26.
(Trotz dem Vorhandensein der Männchen soll keine Begattung, sondern Parthenogenese stattfinden.)

1885. Plate, Lud., Beiträge zur Naturgeschichte der Rotatorien. in: Jenaische Ztschr. 19. Bd. 1885. p. 1—120.
(Die Befruchtung ist bei Hydatina senta überhaupt unwahrscheinlich.)

1885. Schneider, Ant., Chironomus Grimmii und seine Parthenogenesis. in: Zool. Beiträge (Schneider). 1. Bd. Hft. 3. 1885. p. 301—302.
(Nicht die Puppe, sondern die Imago legt Eier ab, die sich parthenogenetisch entwickeln.)

1885. Schwarze, W., Die postembryonale Entwickelung der Trematoden. (M. 1 Taf.) in: Ztschr. f. wiss. Zool. Bd. XLIII. Hft. 1. 1885. p. 41—86.
(Die Erzeugung der Cercarien ist Parthenogenesis.)

1885. Weismann, Aug., Die Continuität des Keimplasmas als Grundlage einer Theorie der Vererbung. Jena, G. Fischer, 1885. 8. (122 p.) — Auszug, in: Naturforscher (Sclumann). 19. Jhg. 1886. p. 6—8.
(III. Über das Wesen der Parthenogenese. p. 88—122.)

1886. Adlerz, G., Myrmecologiska Studier. II. Svenska Myror och deras lefnad sförhållanden. (Med 7 Tafl.) in: Bih. till Svensk. Vet.-Akad. Handl. Stockholm. Bd. 11. Nr. 18. 1886. (329 p.)
(Parthenogenesis. — Bei Tomognathus, deren normale Geschlechtsthiere zu fehlen scheinen, wird regelmässige Parthenogenesis der Arbeiterinnen angenommen.)

1886. Aurivillius, Carl W. S., Halsevertebrater från nordligaste Tromsö-amt och Vestfinmarken. (Med 2 Tafl.) in Bihang K. Svensk. Vet.-Akad. Handl. 11. Bd. 1886. No. 4. (56 S.)
  (Möglichkeit parthenogenetischer Entwicklung bei Notodelphyiden u. Buprorus.)
1886. Filachou, J. Em., De la parthénogénèse. Paris. Pedone-Lauriel, 1886. 12. (78 p.)
  (Études de philosophie naturelle. 5. Sér. No. 6.)
1886. Stuhlmann, Franz, Die Reifung des Arthropodeneies nach Beobachtungen an Insecten, Spinnen, Myriapoden und Peripatus. in: Bericht d. naturf. Ges. Freiburg. 1. Bd. 5. Heft. 1886. p. 101—228. — Auch separ.: Freiburg i. B., Akad. Verlagsbuchhdlg. von J. J. B. Mohr, 1886. 8. (VIII. 128 p.) — Auszug vom Verf. in: Biol. Centralbl. 6. Bd. 1887. p. 397—402. — Maturation of the Arthropod Ovum. Abstr. in: Journ. R. Mier. Soc. London. 2. Ser. Vol. 6. 1887. p. 961.
  (Bei Musca u. Sphinx kommen ausnahmsweise parthenogenetische Furchungskerne zur Beobachtung.)
1886. Tichomiroff, A., Die künstliche Parthenogenesis bei Insekten. in: Arch. f. Anat. u. Physiol. Phys. Abth. Leipzig. 1886. Suppl.-Bd. p. 35—36.
  (Die Eier von Bombyx mori lassen sich durch mechanische Reizung zu parthenogenetischer Entwicklung antreiben.)
1886. Tichomiroff, A., Sullo sviluppo delle uova del bombice del gelso. in: Bollet. mens. di Bachicolt. 1886.
1886. Weismann, A., Richtungskörper bei parthenogenetischen Eiern. in: Zool. Anzeiger. 9. Jhg. 1886. p. 570—573. — Polar Globules in the Crustacea. Abstr. by J. S. Kingsley. in: Amer. Naturalist. Vol. 21. 1887. p. 203—204.
  (Die Ausstossung eines Richtungskörperchens bei den Eiern verschiedener Daphniden beobachtet.)
1886. Weismann, A., Die Bedeutung der sexuellen Fortpflanzung für die Selections-Theorie. Jena, G. Fischer, 1886. 8. (VIII. 128 p.) — Auszug. in: Tagebl. d. 28. Vers. deutscher Naturforsch. u. Aerzte. 1885. p. 42—56. — On the importance of sexual reproduction for the theory of selection. Abstr. by H. N. Moseley. in: Nature. Vol. 34. 1887. p. 629—632. — Journ. R. Mier. Soc. London. 1887. p. 45.
  (Darin wird auch die Parthenogenesis berücksichtigt.)
1886. Will, Fr., Parthenogenesis bei Käfern [Halyzia ocellata]. in: Entom. Nachricht. 12. Jhg. 1886. p. 200—201.
  (Legte entwickelungsfähige Eier, ehe der Käfer ausgefärbt war.)
1887. Blochmann, F., Über die Geschlechtsgeneration von Chermes abietis L. in: Biol. Centralbl. 7. Bd. Nr. 14. 1887. p. 417—420. — Auszug. in: Entom. Nachricht. 13. Jhg. 1887. p. 319 —320. — Transl. in: Ann. Mag. Nat. Hist. 5. Ser. Vol. 20. 1887. p. 390—392. — Abstr. in: Journ. R. Mier. Soc. London. 1887. p. 948.
1887. Blochmann, F., Über die Richtungskörper bei Insekteneiern. in: Biol. Centralbl. 7. Jhg. (1887—88.) 1888. (15. April 1887.) p. 108—111. — Morph. Jahrb. 12. Bd. 1887. p. 544—574.
  (Bei parthenogenetischen Eiern nur ein Richtungskörper.)
1887. Boveri, Th., Zellen-Studien. in: Jenaische Ztschr. 21. Bd. 1887. p. 423—515.
  (Das Zurückbleiben eines Richtungskörpers bei parthenogenetischen Eiern wird als Zeichen dafür angesehen, dass dieselben befruchtet werden, indem der zweite Richtungskörper wieder mit dem Eikerne verschmelze. p. 495.)
1887. Brischke, C. G. A., Über Parthenogenesis bei den Blattwespen. in: Schrift d. naturf. Ges. Danzig. N. F. 6. Bd. 1887. p. 160—172.
1887. Cameron, P., Hymenopterological Notes. in: Entomologist's Monthl. Mag. Vol. 23. 1886—7. p. 193—195.
  (Eriocampa annulipes.)
1887. Dreyfus, L., [Über Chermes.] in: Tagebl. d. 60. Vers. deutsch. Naturf. u. Arzte. 1887. p. 253.

1887. Karsch, Ferd., Über Generationswechsel bei Insecten. Aus einem Vortrage. in: Entom. Nachricht. 13. Jhg. 1887. p. 273—279.
(Behandelt Heterogonie bei Blattläusen u. Blattwespen.)
1887. Keller, C., Die Wirkung des Nahrungseutzuges auf Phylloxera vastatrix. in: Zool. Anzeiger. 10. Jhg. 1887. p. 583—588.
(Bewirkt Aufhören der Parthenogenesis.)
1887. Moniez, R., Les mâles du Lecanium hesperidum et la parthénogénèse. in: Compt. Rend. T. 104. 1887. p. 440—451.
1887. Tichomiroff. A., [Neue Ergebnisse der Grainuntersuchung.] in: [Selsskoe chosaistwo i Lässobodstwo.] CLIV. 1887. No. 1.
(Russisch geschrieben. — Aus parthenogenetischen Eiern des Seidenspinners Räupchen erzogen.)
1887. Vángel, E., [Parthenogenesis bei Schmetterlingen.] in: Rovartani Lapok. III. 1887. p. 56—61.
(cfr. Berkan, Bericht üb. d. wiss. Leistungen im Geb. d. Entom. i. J. 1887. Berlin, Nicolai, 1888. p. 22. — Psyche Eckstein, Zelleri; Oenogyna parasita; Bombyx rubi; Saturnia pyri; Spilosoma menthastri.)
1887. Weismann, A., Über die Zahl der Richtungskörper und ihre Bedeutung für die Vererbung. Jena. G. Fischer. 1887. 8. (VIII, 75 S.) — On the signification of the polar bodies. in: Nature. Vol. 36. 1887. p. 607—609. — Theory of Polar Bodies. Abstr. by G. Herb. Fowler. ibid. Vol. 37. 1887. p. 134—136. — Polar Bodies and Theory of Heredity. Abstr. in: Journ. R. Micr. Soc. London. 1887. p. 934—935.
1887. Weismann, A. u. C. Ischikawa, Über die Bildung des Richtungskörpers bei thierischen Eiern. in: Bericht d. naturf. Ges. Freiburg. 3. Bd. 1. Hft. 1887. p. 1—44.
(Bei parthenogenetischen Eiern ein, bei befruchtungsbedürftigen Eiern zwei Richtungskörper.)
1888. Blochmann, F., Bemerkungen zu den Publikationen über die Richtungskörper bei parthenogenetisch sich entwickelnden Eiern. in: Morph. Jahrb. 13. Bd. 4. Hft. 1888. p. 654—663.
(Prioritäts-Ansprüche gegenüber Weismann.)
1888. Bock, H. v., Parthenogenesis bei Oeneria dispar. in: Entom. Nachricht. 14. Jhg. 1888. p. 56—57. — Berlin. Entom. Ztschr. 31. Bd. 1887. p. XXXVIII.
1888. Cameron: s. 1890.
1888. Dreyfus, L., Über neue Beobachtungen bei den Gattungen Chermes L. u. Phylloxera Boyer de Fonsc. in: Tagebl. d. 61. Vers. deutsch. Naturf. u. Ärzte. 1888. (1889.) p. 55—65.
1888. Grobben, C., Über den Entwicklungscyklus von Phylloxera vastatrix. in: Verh. k. k. zool.-bot. Ges. Wien. 38. Bd. 1888. Sitzber. p. 54. — Auszug. in: Biol. Centralbl. 8. Bd. Nr. 13. 1888. p. 413.
(Zuweilen erfolgt die Fortpflanzung mehrere Jahre hindurch ausschliesslich durch Parthenogenese der Wurzelgeneration.)
1888. Karsten, H., Parthenogenesis u. Generationswechsel im Thier- u. Pflanzenreiche. in: Natur (Müller.) N. F. 14. Bd. 1888. p. 1—3; 27—29; 37—39; 52—54; 61—63; 75—78. — Dass. auch separ.: Berlin, Friedländer & Sohn. 1888. 8. (53 S.)
1888. Massa, Camillo, Parto verginale nella Sphinx atropos. in: Bull. Soc. Ent. Ital. Anno 20. 1888. p. 64—65.
(Die Entwicklung parth. Eier bis zur Entstehung von Räupchen verfolgt.)
1888. Platner, Gustav, Die erste Entwicklung befruchteter und parthenogenetischer Eier von Liparis dispar. in: Biol. Centralbl. 8. Bd. (1888—89.) 1889. No. 17. (1. Nov. 1888.) p. 521—524.
(Auch bei den parth. Eiern werden zwei Richtungskörper gebildet.)
1888. Tichomiroff, A., Nochmals über Parthenogenesis bei Bombyx mori. in: Zool. Anzeiger. 11. Jhg. 1888. p. 342—344.

1888. Verson, E., Über Parthenogenesis bei Bombyx mori. in: Zool. Anzeiger. 11. Jhg. 1888. p. 263—264.
1888. Weismann, A., Über das Zahlengesetz der Richtungskörper und seine Entdeckung. in: Morph. Jahrb. 14. Bd. 3. Hft. 1888. p. 490—506.
(Gegen Bloehmann's Prioritäts-Ansprüche)
1888. Weismann, A. u. C. Ishikawa, Weitere Untersuchungen zum Zahlengesetz der Richtungskörper. in: Zool. Jahrb. (Spengel.) Anat. Abth. 3. Bd. Hft. 3. 1888. p. 575—610.
1889. Blochmann, F., Über die regelmässigen Wanderungen der Blattläuse speziell über den Generationscyklus von Chermes abietis L. in: Biol. Centralbl. 9. Bd. Nr. 9. (1. Juli.) 1889. p. 271—284.
1889. Blochmann, F., Über die Zahl der Richtungskörper bei befruchteten und unbefruchteten Bieneneiern. in: Verh. d. nat.-med. Ver. Heidelberg. N. F. 4. Bd. 2. Hft. 1889. p. 239—241.
— Morph. Jahrb. 15. Bd. 1. Hft. 1889. p. 85—96.
1889. Cholodovsky, N., Noch Einiges zur Biologie der Gattung Chermes L. in: Zool. Anzeiger. 12. Jhg. 1889. p. 60—64. — Auszug. in: Entom. Nachricht. 15. Jhg. 1889. p. 99—100.
1889. Cholodovsky, N., Weiteres zur Kenntnis der Chermes-Arten. in: Zool. Anzeiger. 12. Jhg. 1889. p. 218—223.
1889. Cholodovsky, N., Neue Mittheilungen zur Lebensgeschichte der Gattung Chermes. in: Zool. Anzeiger. 12. Jhg. 1889. p. 387—391.
1889. Dreyfus, Ludwig, Zu Prof. Blochmann's Aufsatz „Über die regelmässigen Wanderungen der Blattläuse, speziell über den Generationszyklus von Chermes abietis". in: Biol. Centralbl. 9. Bd. Nr. 12. (15. Aug.) 1889. p. 363—376.
1889. Dreyfus, Ludwig, Über Phylloxerinen. Wiesbaden, Verlag von J. F. Bergmann, 1889. gr. 8. (Tit., 2 Bl., 88 S.)
1889. Dreyfus, Ludwig, Neue Beobachtungen bei den Gattungen Chermes L. und Phylloxera Boyer de Fonse. in: Zool. Anzeiger. 12. Jhg. 1889. p. 65—73; 91—99. — Nachtrag. p. 222.
— Abstr. in: Journ. R. Micr. Soc. London. 1889. p. 379—380.
1889. Girard, A., Sur la signification des globules polaires. in: Compt. Rend. et Mém. Soc. d. Biol. Paris. 9. Sér. T. 1. 1889. p. 116—121. — Bull. scientif. de la France et de la Belgique. (Girard.) 3. Sér. 2. Année. 1889. p. 95—103.
1889. Gorbatschew, K. A., [Giebt es Parthenogenesis bei Bombyx mori?] in: [Arb. d. Kaukasischen Seidenbau-Stat.] I. Bd. 1889.
(Russisch geschrieben.)
1889. Lendl, Adolph, Hypothese über die Entstehung der Soma- u. Propagationszellen. Berlin, Friedländer & Sohn. 1889. gr. 8. (78 S. mit 16 Fig.)
(Darin 9 — — Parthenogenesis.)
1889. Maupas, E., Le rejeunissement karyogamique chez les Ciliés. in: Arch. Zool. expérim. 2. Sér. T. 7. 1889. p. 148—517.
(Die Parthenogenesis beweist die Unabhängigkeit der Fortpflanzung von der Befruchtung.)
1889. Maupas, E., Sur la multiplication agame de quelques Métazoaires inférieurs. in: Compt. Rend. T. 109. 1889. p. 270—272.
(Bei Callidina vaga wurden während 29, bei Chaetogaster diastrophus während 45 Generationen keine geschlechtliche beobachtet.)
1889. Tesmer, Gottlieb, Zur Geschichte der Lehre von den Fortpflanzungsarten im Tierreiche. Inaug.-Diss. Philos. Facult. Leipzig. Leipzig, Druck von Gressner & Schramm, 1889. 8. (48 S.)
(Parthenogenesis: p. 31—44.)

1889. Tichomiroff, A., Zur Biologie des Befruchtungsprozesses. in: VIII. Kongress russisch. Naturf. u. Ärzte. 3. Sitz. 31. Dec. 1889. (12. Jan. 1890.) Auszug in: Biol. Centralbl. 10. Bd. Nr. 13 u. 14. (15. Aug. 1890.) p. 424—425.
(Von in Wasser von 45° eingetauchten unbefruchteten Eiern des Bombyx mori entwickelten sich 65⁰/₀.)

1889. Verson, E., Del grado di sviluppo che sogliono raggiungere le uova non fecondate del filugello. in: Bull. Soc. Ent. Ital. Anno 21. 1889. p. 118—123. — Bull. mens. di bachicolt.

1889. Weismann, A. u. C. Ischikawa, Über die Paracopulation im Daphnidenei, sowie über Reifung u. Befruchtung desselben. (M. 7 Taf.) in: Zool. Jahrb. (Spengel.) Anat. Abth 4. Bd. (1891.) 1. Hft. 1889. p. 155—196.
(IV. Zusammenfassung u. Beurtheilung der Thatsachen. p. 180—189. — Das Vorkommen von zwei Richtungskörpern bei facultativ parth. Eiern verstösst nicht gegen Weismann's Gesetz.)

1890. Boveri, Th., Zellen-Studien. Über das Verhalten der chromatischen Kernsubstanz bei der Bildung der Richtungskörper und bei der Befruchtung. in: Jenaische Ztschr. 24. Bd. (N. F. 17. Bd.) 1890. 2. u. 3. Hft. p. 314—401.
IV. Die chromatische Substanz bei der Parthenogenese u. die Bedeutung der Richtungskörper. p. 378—394.
(Die Zahl der Richtungskörper beträgt 1 bei den stets, 2 bei den nur facultativ parth. Eiern.)

1890. Cameron, P., On Parthenogenesis in the Hymenoptera. in: Proc. a. Trans. Nat. Hist. Society. Glasgow. N. Ser. Vol. II. Part II. (1887—88.) 1890. (Read 24th April, 1888.) p. 194—201.
(Drohnen der Biene können auch aus befruchteten Eiern hervorgehen u. tragen dann Merkmale des Vaters an sich.)

1890. Daday, E. v., Ein interessanter Fall der Heterogenesis bei den Räderthieren. in: Math.-naturwiss. Berichte aus Ungarn. 7. Bd. 1890. p. 140—156.
(Asplanchna Sieboldii.)

1890. Hamann, Otto, Monographie der Acanthocephalen. (Echinorhynchen). Ihre Entwicklungsgeschichte, Histogenie und Anatomie nebst Beiträgen zur Systematik u. Biologie. 1. Theil. in: Jenaische Ztschr. 25. Bd. 1890. p. 113—231.
(Echinorhynchus clavaeceps eine paedogenetische Form.)

1890. Hertwig, Oscar, Vergleich der Ei- u. Samenbildung bei Nematoden. Eine Grundlage für celluläre Streitfragen. in: Arch. f. mikr. Anat. 36. Bd. 1890. p. 1—138.
(Celluläre Streitfragen. Die Ahnenplasmatheorie von Weismann, die Bedeutung des zweiten Richtungskörpers u. die Parthenogenese. p. 109—114.)

1890. Hertwig, Oscar, Experimentelle Studien am tierischen Ei vor, während und nach der Befruchtung. (M. 3 Taf.) in: Jenaische Ztschr. 24. Bd. (N. F. 17. Bd.) 2. u. 3. Hft. 1890. p. 268—313.
4. Kapitel: Parthenogenese bei Seesternen. p. 304—310.
(Bestätigung der Greeff's Befunde. — Austritt nur eines Richtungskörpers bei den parthenogenetischen Eiern.)

1890. Lameere, Aug., À propos de la maturation de l'œuf parthénogénétique. Thèse couronnée au concours de l'enseignement supérieur pour 1888—1889. Bruxelles. 1890.

1890. Lankester, E. Ray, The Advancement of Science. Occasional Essays and Adresses. London, 1890. 8. (VIII. 387 p.)
Darin: 7. Parthenogenesis. 8. A Theory of Heredity.

1890. Maupas, E., Sur la multiplication et la fécondation de Hydatina senta Ehrb. in: Compt. Rend. T. 111. 1890. p. 310—312.
(Es wurden einmal 45, ein andermal 33 agame Generationen gezüchtet. — Die Wintereier sind befruchtet.)

1890. Verson, E., Zur Parthenogenesis beim Seidenspinner. in: Zool. Anzeiger. 13. Jhg. 1890. p. 44—45.
(Trotz Anwendung von Electricität war keine P. zu erzielen.)

1890. Wasmann, E., Über die verschiedenen Zwischenformen von Weibchen und Arbeiterinnen bei Ameisen. in: Stettin. Entom. Ztg. 51. Jhg. 1890. p. 300—309.
1891. Shmuidsinowitsch, W. J., [Zur Frage über Parthenogenesis beim Seidenwurm.] in: [Arb. d. Kaukasischen Seidenbau-Station.] II. Bd. 1891.
(Russisch geschrieben.)
1891. Tichomiroff, A., [Grundzüge des praktischen Seidenbaues. Moskau, 1891.]
(Russisch geschrieben. — p. 125—128: Parthenogenesis bei Bombyx mori.)
1891. Wasmann, E., Parthenogenesis bei Ameisen durch künstliche Temperaturverhältnisse. in: Biol. Centralbl. 11. Bd. Nr. 1. (1. Febr.) 1891. p. 21—23.
1891 Weismann, Aug., Amphimixis oder die Vermischung der Individuen. Mit Abbild. im Text. Jena, Gustav Fischer. 1891. Lex. 8. (VI, 176 S.)
1892. Chun, Carl, Die Dissogonie, eine neue Form der geschlechtlichen Zeugung. (M. 5 Taf.) in: Festschrift f. Leuckart. Leipzig, Engelmann, 1892. p. 77—108.
1892. Hamann, Otto, Entwicklungslehre und Darwinismus. Eine kritische Darstellung der modernen Entwicklungslehre und ihrer Erklärungsversuche mit besonderer Berücksichtigung der Stellung des Menschen in der Natur. Mit 16 Abbildgn. Jena, Costenoble, 1892. 8. (XIX, 304 S.)
(Die Paedogenese oder Zeugung im unentwickelten Zustande, etc. p. 162—171.)

ANHANG.

Die hauptsächlichste Litteratur über die Parthenogenesis bei Pflanzen.

1856. Braun, Alex., Über Parthenogenesis bei Pflanzen. (M. 1 Taf.) in: Abh. Berlin. Akad. d. Wiss. a. d. J. 1856. (1857.) Phys. Abth. p. 111—376.
1856. Naudin, Ch., Observations relatives à la formation des graines sans le secours du pollen. in: Compt. Rend. T. 43. 1856. p. 538.
1857. [Klotzsch], Die sogenannte Parthenogenesis von Coelobogyne ilicifolia. in: Bonplandia. 1857. p. 209.
1857. Radlkofer, Ludwig, Der Befruchtungsprocess im Pflanzenreiche und sein Verhältniss zu dem im Thierreiche. Leipzig, Engelmann. 1857. 8. (X, 47 S.)
1857. Radlkofer, Ludwig, Über wahre Parthenogenesis bei Pflanzen. in: Ztschr. f. wiss. Zool. Bd. VIII. 4. Hft. 1857. p. 458—465.
1858. Regel, E., Zur Parthenogenesis. in: Bot. Ztg. 16. Jhg. 1858. p. 305—308.
(Widerlegung der Parthenogenesis bei Spinacia u. Mercurialis.)
1858. Ruprecht, F. J., Ein Beitrag zur Frage über die Parthenogenese bei Pflanzen. in: Bull. de la Classe phys.-math. de l'Acad. imp. St. Pétersbourg. T. 16. 1858. p. 274—279.
1859. Braun, Alex., Über Polyembryonie und Keimung von Caelebogyne. Ein Nachtrag zu der Abhandlung über Parthenogenesis bei Pflanzen. (M. 6 Taf.) in: Abh. Berlin. Akad. d. Wiss. a. d. J. 1859. (1860.) Phys. Abh. p. 109—263.
1859. Regel, E., Über Parthenogenesis. in: Bot. Ztg. 17. Jhg. 1859. p. 47—48.
(Widerlegung der Parthenogenesis bei Cannabis.)

1859. Regel, E., Die Parthenogenesis im Pflanzenreiche. Eine Zusammenstellung der wichtigsten Versuche und Schriften über Samenbildung ohne Befruchtung nebst Beleuchtung derselben nach eigenen Beobachtungen. (M. 2 Taf.) in: Mém. Acad. imp. Sc. St. Pétersbourg. 7. Sér. T. 1. 1859. No. 2. (48 S.)

1860. Karsten, Hermann. Das Geschlechtsleben der Pflanzen und die Parthenogenesis. (M. 2 Kupfertaf.) Berlin. R. Decker, 1860. 4. (Tit., 1 Bl., 52 S.)

1860. Karsten, H., Zur Parthenogenesis. in: Bot. Ztg. 18. Jhg. 1860. p. 387—388.

1860. Schenk, Über Parthenogenesis im Pflanzenreiche. in: Würzburger naturwiss. Ztschr. 1. Bd. 1860. p. 85—89.

1873. Pringsheim, N., Über die neueren Resultate seiner Untersuchungen an den Saprolegnieen. in: Berlin. Monatsber. 1873. (1874.) p. 484—485.

1873—74. Pringsheim, N., Weitere Nachträge zur Morphologie und Systematik der Saprolegnieen. I. Über Parthenogenesis bei den Saprolegnieen. in: Jahrbuch f. wiss. Botanik. 9. Bd. 1873—74. p. 192—203.

1875. Bary, Anton de. Zur Keimesgeschichte der Charen. in: Bot. Ztg. 33. Jhg. 1875. p. 377—385; 393—401; 409—420.

1877. Hanstein, Joh., Die Parthenogenesis der Caelebogyne ilicifolia. Nach gemeinschaftlich mit Alexander Braun angestellten Beobachtungen mitgetheilt. (M. 3 lith. Taf.) in: Botan. Abh. (Hanstein.) 3. Bd. 3. Hft. 1877. (VIII, 58 S.)

1878. Barry, Anton de, Über apogame Farne und die Erscheinung der Apogamie im Allgemeinen. (M. 1 Taf.) in: Bot. Ztg. 36. Jhg. 1878. 448—487.

1878. Strasburger, Ed., Befruchtung und Zelltheilung. Mit 9 Tafeln. Jena, Hermann Dabis, 1878. 8. (108 S.)

1882. Bary, Anton de. Beiträge zur Morphologie u. Physiologie der Pilze. 4. Reihe: Untersuchungen über die Peronosporeen und Saprolegnieen und die Grundlage eines natürlichen Systems der Pilze. (M. 6 Taf.) in: Abh. d. Senckenb. naturf. Ges. 12. Bd. 3. u. 4. Hft. 1881. p. 225—370. — Auch separ.: Frankfurt a. M., Winter, 1881. gr. 4. (145 S. m. 6 Kupfertaf.)

1882. Pringsheim, N., Neue Beobachtungen über den Befruchtungsact der Gattungen Achlya und Saprolegnia. (M. 1 Taf.) in: Sitzber. d. k. preuss. Akad. d. Wiss. Berlin. Jhg. 1882. 2. Halbbd. 1882. p. 855—890.

1883. Bary, Anton de. Zu Pringsheim's neuen Beobachtungen über den Befruchtungsact der Gattungen Achlya und Saprolegnia. in: Bot. Ztg. 41. Jhg. 1883. p. 38—46; 54—60.

1884. Strasburger, Ed., Neue Untersuchungen über den Befruchtungsvorgang bei den Phanerogamen als Grundlage für eine Theorie der Zeugung. Mit 2 lithogr. Tafeln. Jena, Gustav Fischer, 1884. 8. (XI, 176 S.)

1888. Karsten, H., Parthenogenesis u. Generationswechsel im Thier- u. Pflanzenreiche. in: Natur (Müller). N. F. 14. Bd. 1888. p. 1—3; 27—29; 37—39; 52—54; 61—63; 75—78. — Dass. auch separ.: Berlin. Friedländer & Sohn. 1888. 8. (53 S.)